Gerald und Loretta Hausman

Mythologie der Katzen

Aus dem Amerikanischen
von Tatjana Kruse

W0085482

Ullstein

Auszug aus »Meine Reise nach Charley« von
John Steinbeck mit freundlicher Genehmigung des
Paul Zsolnay Verlages, Wien
© 1993 by Paul Zsolnay Verlag

Der Ullstein Taschenbuchverlag ist ein Unternehmen der
Econ Ullstein List Verlag GmbH & Co. KG, München
Deutsche Erstausgabe
1. Auflage 2001
© 2001 für die deutsche Ausgabe by
Econ Ullstein List Verlag GmbH & Co. KG, München
© 1998 by Gerald und Loretta Hausman
Titel der amerikanischen Originalausgabe:
The Mythology of Cats (St. Martin's Press, New York)
Auf Vermittlung von Literary Agency Thomas Schlück GmbH, Garbsen
Zeichnungen: Mariah Fox
Übersetzung: Tatjana Kruse
Lektorat: Ilona Ehre
Umschlagkonzept: Lohmüller Werbeagentur GmbH & Co. KG, Berlin
Umschlaggestaltung: Init GmbH, Bielefeld
Titelabbildung: Picturepress, Hamburg
Gesetzt aus der Berling, Linotype
Satz: Josefine Urban – KompetenzCenter, Düsseldorf
Druck und Bindearbeiten: Clausen & Bosse, Leck
Printed in Germany
ISBN 3-548-36236-2

Inhaltsangabe

Einführung:
Die archetypische Katze

Schon bei den alten ägyptischen Sonnenpriestern finden wir die archetypische Katze einerseits als Sonnengott und andererseits als Mondgöttin, beides Gottheiten der Fruchtbarkeit. Katzen wachten über Hochzeiten und Geburten und waren bei jeder Totenzeremonie präsent, denn sie trugen den Geist des Menschen von dieser Welt in die nächste. Sie wurden wie kein anderes Tier mit dem Kosmos in Verbindung gebracht und stellten den Kontakt zu den Sphären und Kräften des Universums her, der uns spirituelle Stärke vermittelte.

Die archetypische Katze schlummert immer noch in uns, sie ist auf geheimnisvolle Weise im kollektiven Unterbewusstsein lebendig. Aber wie konnte sich der Mythos der *Felidae*, der schätzungsweise zu Beginn des Jahres 1590 v. Chr. entstand, weltweit ausbreiten – und das so gründlich, dass er bis heute lebendig ist?

Eine Antwort darauf finden wir in einer Katzensage, die durch die Jahrhunderte weiter getragen wurde, vom Wüstensand des alten Ägyptens bis hin zu den mit Heidekraut überzogenen Hügeln Schottlands. Als der griechische General Galsthelos am Roten Meer besiegt wurde, ergriff er die Flucht. Mit ihm floh seine Frau Scota, die Tochter des Pharao, die auch ihre Katzen dabei hatte. In Erinnerung an diese wunderschöne Frau erhielt Schottland (engl. *Scotland*) seinen Namen. Die beiden Katzen, die Scota aus Ägypten mit sich genommen hatte, wurden zum Symbol, zum Mythos eines neuen Landes. Sie vereinten Schottland und Ägypten in spiritueller Union.

Das ist nur ein Beispiel dafür, wie Archetypen geboren, tradiert und ganz subtil in der menschlichen Psyche verankert werden. Die Dinge, an die wir uns aus unserer Ur-Vergangenheit zu erinnern scheinen, wirken weiter in der Vorstellungskraft der Gegenwart. Die alten Geschichten, die in der Mythologie bewahrt sind, führen uns an Orte, die wir aus unseren Träumen kennen. Und doch sind solche Botschaften nicht weniger real, nur weil sie imaginär sind. Wir müssen bloß in die verträumten Augen einer gewöhnlichen Hauskatze schauen, um Schatten und Zwielicht uralter Zeiten zu erkennen.

Die archetypische Katze ist eher ein spirituelles denn natürliches Wesen, sie ist übernatürlich. Von Anbeginn der Zeit haben wir bei Katzen nach religiöser Führung gesucht. Dementsprechend wiesen wir ihnen Führungsrollen zu, in der Hoffnung, uns mit ihnen als Gleichgestellte auf ihrer hohen ätherischen Stufe wiederzufinden.

Die Sagen und Legenden geben uns Rat in alltäglichen Moral- und Verhaltensfragen. Es sind Geschichten von der sprechenden Katze, der Engelskatze, der heilenden Katze, der reisenden Katze, der Spuk-Katze, der unsterblichen Katze, der arbeitenden Katze, der Mutterkatze und der künstlerischen Katze – um nur einige wenige zu nennen. Alle Kulturen kennen diese profanen und doch mystischen Katzen. Sie sind uns auf eine überaus positive Weise ein Rollenvorbild – anders als die heutzutage so beliebten Archetypen, die Katastrophen, Dämonen, Dunkelheit und Verderben repräsentieren. Obwohl sich diese in der Katzen-Mythologie ebenfalls finden, glauben wir, dass sie zu negativ sind und keine weitere Beachtung verdienen. Uns ist die *Matagot*, die französische Glückskatze, lieber als die Hexenkatze, die Vertraute des Teufels.

Im Folgenden werden wir jede Legende auf ihre archetypischen Elemente hin untersuchen und fügen anschließend Zuchtinformationen hinzu, die die Katze jedoch eher charakterlich als biologisch einordnen. Die Legenden über die Stummelschwanzkatzen von der Isle of Man reichen zum Beispiel zurück bis zur Arche Noah, aber die entsprechende Katzenrasse ist in diesem Fall die Manx-Katze (und es könnte wirklich keine andere sein). Wir haben über zwanzig bekannte Arten beschrieben, aber nur, wenn sie auch wirklich zu der jeweiligen Legende passen.

Katzen kann man über ein Buch eigentlich nicht kennen lernen – man muss sie erleben, um sie zu verstehen. Und doch bietet uns die Mythologie eine neue Art der Katzenerfahrung – die einer anderen Zeit, eines anderen Ortes, einer anderen Welt. Wenn wir uns der Katze auf diese Weise nähern, lernen wir uns selbst neu kennen. Die alten Ägypter beteten die Katzen an und erschufen eine komplexe Mythologie um sie herum, zu der auch die Schlange, der Raubvogel und der Mensch gehörten. Die Katzengöttin konnte viele Sprachen sprechen, durch viele Augen sehen und auf geflügelten Füßen schreiten. Sie tut es immer noch. Blicken Sie ihr in die Augen.

Gerald und Loretta Hausman

Die Göttinnenkatze

Ägyptische Mau

Diese Katze, ein Wesen von Licht und Dunkelheit in der ägyptischen Mythologie, ist löwenköpfig und mondäugig, eine Vertreterin der Familie der *Felidae*, geboren aus der Dualität. In uralter Zeit hielt man die Katze in einer Inkarnation für männlich und in einer anderen für weiblich: Der Sonnengott Ra war männlich, aber Bastet oder Bast, die Göttin der Mütterlichkeit, war weiblich.

Bastet besaß den Körper einer Frau und den Kopf einer Katze – eine Vorstellung, die im Laufe der Jahrhunderte eine Fülle von Katzenmythen hervorgebracht hat. Man kann durchaus davon ausgehen, dass unsere moderne Vorstellung, Katzen seien weiblich (und Hunde männ-

11

lich), von der allegorischen Überlieferung aus dem östlichen Zweig des Nils und einer Stadt namens Bubastis stammt.

Bastet war in Ägypten seit ungefähr 2000 v. Chr. eine alles beherrschende Gestalt. Prinzen, Priester und das einfache Volk verehrten sie gleichermaßen, ihr Bild war auf Wandgemälden und Grabstätten zu sehen. Sie blickte von riesigen Skulpturen herab, die ihren Schatten auf den Nil warfen. Der Katzenhistoriker Fernand Méry schreibt, dass diese Göttin eine faszinierende Kreatur war. Jede ägyptische Frau wollte ihr in der Fremdartigkeit des Blickes, ihren Mandelaugen, ihren üppigen Lenden, ihrer edlen Haltung und ihrer animalischen Ungezwungenheit ähneln.

Unter den vielen bekannten Attributen der Katze gibt es eines, das sie mit der weiblichen Hälfte der Menschheit teilt: die Intuition. Katzen und Monde, Zyklen lunarer Ordnung und Unordnung, bestimmen die menschliche Vorstellungskraft, und wir kehren immer wieder zu den matriarchalen Erdmutterreligionen unserer Ahnen zurück. Diese glaubten, ebenso wie die amerikanischen Ureinwohner, dass die Sonne ihr Vater war und die Erde ihre Mutter.

Und Mutter bedeutet stets Anbetung, Annahme und Schutz. Seit der Dynastie, die die Memnonskolosse hervorgebracht hatte, war die Zukunftsschau stets das Hoheitsgebiet der Frauen. Das beschränkte sich nicht nur auf das alte Ägypten, denn auch die klassische Kimonokatze Japans war weiblich, ebenso wie Freya, die Katzengöttin von Hel, Königin der nordischen Unterwelt.

Einer der Gründe, warum Katzen in der Moderne eine weibliche Bezeichnung gegeben wurde, ist der, dass das Verhalten der Katzen immer schon rätselhaft war – und es bis heute geblieben ist. Insbesondere für Männer. So ziehen statistisch gesehen amerikanische Männer Hunde den Katzen vor.

Der Autor Claude Farrere beschrieb einmal, wie sein Kater aufsprang und wie wild im Kreis rotierte, mit einem völlig geraden Schwanz. Er versuchte zu fliegen. Eine ganz normale Katze durchlief plötzlich alle Stadien des Wahnsinns. Farrere schrieb weiter, dass es lange gedauert habe, bis sich sein Haustier schließlich wieder beruhigte. Am folgenden Tag erfuhr der Autor, dass in exakt jenem Augenblick, als seine Katze versuchte, in die Luft zu steigen, sich die Frau in der Nachbarwohnung das Leben genommen hatte.

Man könnte zu dem Schluss kommen, dass Katzen stets viel mehr wissen als wir. Sie können nämlich erkennen, was wir nicht begreifen können. Doch vielleicht ist das auch nur die halbe Wahrheit und nur die menschliche Sicht der Dinge. Wäre die Katze in der Lage, ihre Geschichte zu erzählen, würden wir wohl sehr viel über uns Menschen lernen.

Sylvia Townsend Warner gibt uns einen Hinweis darauf in ihrer Erzählung *The Traveller from the West and the Traveller from the East*. Die erste Hälfte der Erzählung handelt von einem verzweifelten Mann, dessen Frau Katzenblut in den Adern hat. Sie ist unglaublich schön, doch isst im Bett gern Mäuse und blickt dabei völlig abwesend den Mond an. Das ist eine alte europäische Legende, die auf eine noch ältere ägyptische zurückreicht. Aber da fehlt noch eine zweite Erzählung – das Lied vom katzenhaften Unglück.

Ein Kater, der in das Haus einer verwitweten Frau kommt, beschließt, für sie zu sorgen. Die Frau erkennt die Vorteile des Katers als Hühnerjäger und sagt ihm, er sei eine treue Katze und freundlicher als jeder Mann. Bei jedem Wetter fängt und tötet der Kater Hühner, Enten,

13

Tauben, Truthähne, Hasen und Karnickel und weicht dabei den Kugeln der Bauern und den Fallen der Jäger aus. Die Witwe verkauft die Beute. Aber im Laufe der Zeit übersteigt ihre Liebe zum Geld ihre Vernunft und sie setzt die Preise so hoch, dass es sich niemand leisten kann, Fleisch von ihr zu kaufen. Am Ende verrottet alles und das ganze Haus fängt an, nach Verwesung zu stinken. Den Kater treibt das Verhalten der Witwe zur Verzweiflung, denn für eine Katze ist nichts so abstoßend wie ein Haus, in dem es schlecht riecht. Er klagt: »Wie kann es ein Vergnügen sein, eine Frau zu lieben, die so offensichtlich faul, gierig, schmutzig und untüchtig ist? Ich muss einsehen, dass sie doch nur ein Mensch ist.«

Als der Kater die Kneipe verlässt, in der er seine ach so traurige Geschichte erzählt hat, fährt der Wind durch die Bäume und ein Licht flackert im Wald. Das Gespräch wendet sich wieder einmal bösen Geistern, Hungersnöten, Armut und Pestilenz zu, das Unglück der Katze ist sofort vergessen.

So sind die Menschen eben. Kein Wunder, dass sich die göttliche Katze mit ihren goldenen Augen und dem nach innen gerichteten Blick nach den gleißend hellen Tagen und den Wüstennächten sehnt, wo süßes Räucherwerk zu ihren Füßen verbrannt wurde und wo jedem, der sich an ihr verging, die Todesstrafe drohte.

Kleine Katzenkunde

Die ägyptische Mau ist das Paradebeispiel für all das, was katzenhaft war und ist. Es gibt sie seit Anbeginn aller Zeiten. Sie lauschte schon dem anbetungsvollen Flüstern in den Marmorhallen von Bubastis.

Die ägyptische Mau scheint alle alten Katzen-Symbole in sich zu vereinen wie zum Beispiel das Katzenauge, das mondgleich ist, sich zur Fülle weitet und dann wieder schließt. Die Mau ist die älteste der bekannten domestizierten Katzen und wird auf Schriftrollen und Tempelwänden seit 1400 v. Chr. abgebildet.

Von der körperlichen Konstitution her neigt die Mau zu Krankheiten, wahrscheinlich aufgrund ihrer alten königlichen Abstammung. Kälte, plötzliche Wetterveränderungen – das alles erträgt sie nur schwer. Sie ist schön und in Silber, Bronze, Anthrazit oder Zinngrau gleichermaßen wunderschön anzuschauen.

Bei dieser Katze findet sich eine auffällige Skarabäus-Zeichnung über den Augen und außerdem Tuschelinien auf den Wangen. Ein zufälliges Fleckenmuster schmückt den Körper und bildet dabei unterbrochene Streifen. Die Pfoten sind eiförmig. Die Antike hat eindeutig ihre Spuren auf der seltenen Schönheit dieser Katze hinterlassen. Die mandelförmigen Augen und die verhältnismäßig großen Ohren vermitteln dem Gesicht eine maskenartige Perfektion, gleich einer Mumie, die plötzlich zum Leben erwacht ist.

Das Katzen- und das Schlangen-Motiv wurden in der Mythologie mit der Jungfrau und dem Drachen verglichen. Als jungfräuliche Mutter wurde die heilige Katze des Nils bisweilen als Isis angerufen, denn die berühmte weibliche Gottheit konnte ebenfalls die Gestalt einer Katze annehmen. Als solche wurde sie zur Schlächterin der Schlangen. Aus diesem Grund glauben die Ägypter, dass der Biss einer Natter von einer Katze geheilt werden könne.

Atet war die Königin der Götter, ihr Symbol war die Katze. Möglicherweise auch eine Löwin, aber in jedem Fall eine Katzenart.

In späteren Dynastien veränderte sich die Symbolik. Die neue vorherrschende Gottheit war eine goldene männliche Figur mit Namen Ra. Er verkörperte die lebenserhaltende Sonne, die die Dunkelheit, die Toten, die Schatten und die Schlangen besiegte. Um all dies zu erreichen, nahm Ra die Gestalt einer Katze an. So wurde die Schlächterin der Schlangen zu einer männlichen Gottheit. Doch dieser Gott besaß viele der weiblichen Eigenschaften, die seine Vorgängerinnen Atet und Isis ausgezeichnet hatten.

Im Verlauf weiterer Jahrtausende wurden die Archetypen aus der Zeit der alten Ägypter Teil unseres kollektiven Unterbewusstseins. Vielleicht werden diese alten Bilder, die auf ewig in unserem Gehirn gespeichert sind, blitzartig geweckt, wenn wir die sanfte Nähe einer Katze spüren. Denn sie ist eine Kreatur, die eine längst versunkene Weltordnung widerspiegelt, eine mythische Reise in die Weite von Raum und Zeit.

Die Versorger-Katze

Russisch Blau

Das Märchen der eleganten Katze, die ihrem verarmten Herrn zu unfassbarem Reichtum verhilft, findet sich in aller Welt. Die Legenden unterscheiden sich zwar in Einzelheiten, gleichen sich aber im Wesentlichen haargenau.

Es geht grundsätzlich immer darum, dass eine Katze jemandem Gutes tut. Sie gewinnt zunächst das Vertrauen des Menschen und belohnt ihn daraufhin auf materielle oder spirituelle Weise. Im Märchen vom Gestiefelten Kater erfahren wir, dass der Kater eigentlich nicht direkt der Wohltäter ist, vielmehr verwandelt das Vertrauen des Menschen in die Katze Pech in großes Glück. Moderne Zeichentrickfilme wie Disneys *Aristocats* handeln alle-

17

samt von Katzen als Versorgerinnen oder Katzen als Zauberinnen, Heilerinnen und Helferinnen in einer Welt, die häufig ohne sie auszukommen glaubt.

Interessanterweise scheint die Legende von der Versorger-Katze weiter zurückzureichen als die vom besten Freund des Menschen, dem Hund. Von der ägyptischen Alchemie einmal abgesehen gab es Katzenmedizin und Katzenweissagung schon im Holozän, als unsere Ahnen, die sich ums Feuer scharten, Panther, Leopard und Luchs ihre Namen gaben. Die Leistungsfähigkeit der großen Raubkatzen brachte uns, die Möchtegern-Jäger, dazu, die Fertigkeiten der Katzen zu beobachten und dabei auch andere, weniger sichtbare Aspekte der Katzenmacht zu bemerken. Seit 10 000 Jahren leben wir mit den Katzen und in dieser Zeit haben wir sie einerseits zur Anbetung und andererseits zu medizinischen Zwecken benutzt.

Patricia Dale-Green schreibt in ihrem Buch *The Cult of the Cat* von unserer uralten Beziehung zu den Katzen: In Schottland nenne man für sich allein stehende Hinkelsteine aus dem neolithischen Zeitalter häufig »Katzensteine«. Und zwar gäbe es in der Nähe von Maidstone, im englischen Kent, einen berühmten Kromlech, einen druidischen Steinkreis, der aus einem riesigen Sandsteinblock, der auf drei anderen Steinen ruht, bestehe und *Kit's Coty House* (Katzenhäuschen) genannt werde. Niemand weiß, warum diese uralten Monumente mit Katzen in Verbindung gebracht werden, aber sie sind Symbole der Unzerstörbarkeit und Dauer. Die Vorstellung von der Katze als Talisman, deren Kraft zu heilen von unbekannten Göttern gesegnet ist, scheint eher europäisch als ägyptisch beheimatet. Die Ägypter wussten, woher die Kraft der Katzen kam; wir haben es offensichtlich vergessen. Dennoch verehren wir die heilende Katze. Nie zuvor in der Geschichte der

Menschheit versuchten mehr Menschen herauszufinden, was die Katze ausmacht, was sie bewirkt oder als Katalysator mitbeeinflusst. Einige Katzenexperten vertreten die Ansicht, dass schon unsere Identifizierung mit der Katze ausreicht, um die Selbstheilung zu aktivieren. Je mehr wir das Tier lieben, desto mehr lassen wir auch uns selbst und unseren Mitmenschen Liebe zukommen. Das an sich ist bereits eine unglaubliche Wohltat, die zu einer Verbesserung des körperlichen Wohlbefindens führen kann. Helen Howard, klinische Psychologin, berichtete einmal über eine junge Frau, die amphetaminsüchtig war. Sie beobachtete die Veränderung in ihrer Patientin, nachdem diese eine Russisch Blau-Katze als Gefährtin hatte. Das Auffallende an der jungen Frau mit Namen Lana und der Katze, die Greyman hieß, war ihre verblüffende Ähnlichkeit. Sie waren beide schön und anmutig. Jede hatte große, grüne Augen, die wie Juwelen in einem breitwangigen slawischen Gesicht eingebettet waren, das trotz der strahlenden Schönheit voller Angst schien. Ob die problembeladene junge Frau die isolierte Katze beeinflusste oder die problembehaftete Katze irgendwie die isolierte junge Frau beeinflusste, werden wir niemals mit Sicherheit wissen. Wir wissen allerdings, dass die beiden anscheinend dasselbe glänzende Grau bevorzugten, denselben silberfarbenen Stoff.

Mit der Zeit fing Lana an zu starren, dem Leben mit leerem Blick entgegenzusehen. Sie war nicht länger Teilnehmerin, stattdessen wurde sie zur aufmerksamen Beobachterin. Ihre Einnahme von Drogen war jedoch rückläufig, bis sie überhaupt keine mehr nahm. In den darauf folgenden Wochen verbesserte sich Lanas Zustand signifikant. Wohin auch immer sie ging, sah man den Schatten des blaugrauen Tieres zu ihren Füßen. Die junge Frau und die Katze waren unzertrennlich.

Nachdem sie sich der Drogen entwöhnt und eine drama-
tische Genesung erfahren hatte, durch die sie immer
schöner wurde, verliebte sich Lana in einen jungen Mann.
Jetzt wurde ihre Aufmerksamkeit für persönliche Details
noch stilsicherer und intensiver. Sie fing an, sich sorgfältig
zu schminken, und kleidete sich sehr bewusst. Ihre natürliche Schönheit, immer schon vorhanden, war nun unbe-
schreiblich. Lana und die Katze hatten es irgendwie fertig
gebracht, ihr Ich auszutauschen. Roger Cara erzählt in *A
Celebration of Cats* eine ähnliche Geschichte einer Versorger-Katze, die eine wundersame Heilung bewirkte. In seiner
Erzählung geht es um einen Teenager, der Lana in manche-
rlei Hinsicht ähnelte und in eine Welt dunkler Schatten und
überwältigender Melancholie gefallen war. In der Schule
wurde er immer schlechter und irgendwann ließen sich
auch seine Freunde nicht mehr blicken. Der Junge war einsam und hatte augenscheinlich Angst. Eine dunkle Wolke
der Verzweiflung schien sich auf ihm niedergelassen zu
haben. Er wurde von einer unerklärlichen und unbekannten Kraft nach unten gezogen. Der Zustand des Jungen ver-
schlechterte sich. Er stand kurz vor einer Katatonie und trat
im Alter von 14 Jahren in eine sechsmonatige Trance aus
Dunkelheit und Schweigen. Die schwerste Phase für den
Jungen kam, als ihn die Therapeuten nicht länger zu Augen-
bewegungen veranlassen konnten. Er war in seinem eigenen
Innern wie erstarrt und die Spezialisten, die ihn sich ansa-
hen, hatte keine Erklärung und nur wenig Zuversicht.

Etwas bot jedoch den Hauch einer Hoffnung: Bobby, so
hieß der Junge, bewegte die Augen, wenn man ihm das Foto
einer Katze zeigte. Obwohl es keinen begleitenden Ge-
sichtsausdruck gab, schienen sich die Augen zu bewegen.

An einem Tag, der lange im Voraus geplant worden war,
sahen seine Ärzte und die Eltern hinter einem Spiegel-

fenster zu, wie Bobby ein Kätzchen auf seinen Schoß gelegt wurde. Nach wenigen Augenblicken senkte der Junge den Kopf, um sich die kleine Katze anzusehen. Einige Minuten später hob er seine Hand in Eigeninitiative, was er seit Monaten nicht mehr getan hatte. Er zögerte kurz, dann streichelte er die Katze. Etwas später legte er den Kopf zur Seite und diesmal zeigte sich in seinem Gesicht ein Ausdruck – nicht gerade ein Lächeln, aber Erkennen und Reaktion. Seine Eltern, die mit den Ärzten hinter dem Spiegelglas standen, umarmten einander und weinten. Nachdem Bobby über eine Stunde mit der Katze allein gewesen war, begann er mit ihr zu reden. Seine Stimme war monoton und seine Worte einsilbig – aber es war ein gewaltiger Schritt nach vorn! Man glaubte einst, dass Katzen, die sehr gut sehen können, Blindheit beim Menschen zu heilen vermögen. Und zwar indem man die Pfote einer lebenden Katze auf das Bindegewebe des erblindeten Auges legte. Eine weitere Methode bestand darin, die Augenflüssigkeit beziehungsweise die Tränen der Katze als Augentropfen zu verwenden.

Diese vormittelalterlichen Behandlungsmethoden mochten funktioniert haben oder nicht – der Gedanke, der dahinter stand, ist noch heute lebendig. Wir glauben mehr denn je an die mystischen Kräfte der Versorger-Katze. Heute geben wir dieser Katzenmagie jedoch andere Namen: Einsicht, Intuition, Empathie und Liebe.

Kleine Katzenkunde

Die Russisch Blau ist eine der elegantesten Vertreterinnen der Katzenwelt. Sie ist auch unter den Namen Archangelsk Blau, Malteser oder Spanisch Blau bekannt. Das Fell

21

dieser schmalen, muskulösen Katze mit dem langen, spitz auslaufenden Schwanz scheint wie eine zusätzliche Schicht an Muskelgewebe und funkelt wie Nerz. Ihr Kopf ist keilförmig mit einer ausgeprägten Schnauze. Sie hat große, hoch angesetzte Ohren und mittelgroße, ovale Augen. Archangelsk-Katze heißt sie wohl nach dem Hafen gleichen Namens, in dem russische Seeleute im 19. Jahrhundert die grauen Katzen einsammelten, um sie in Großbritannien zu verkaufen.

Die Russisch Blau ist schüchtern und zurückhaltend und genießt den Ruf, sich vorzugsweise auf einen Menschen festzulegen beziehungsweise ihn zu »adoptieren«. Die Intensität ihrer blauen Augen ist faszinierend. Der Blick dieser Katzen – heilend, offenbarend und bisweilen beunruhigend – wurde zuerst von den Ägyptern verehrt. Die frühesten Aufzeichnungen über mediale Aktivitäten bei Katzen finden sich ebenfalls bei den Ägyptern. Sie brachten die Katze mit dem falkenköpfigen Gott Horus in Verbindung, dem Sohn der Isis. Laut der Legende konnte er gleichzeitig um sich herum, in sich und über sich blicken.

Wir besaßen einst einen Russisch-Blau-Kater, der ziemlich alt und taub wurde, aber er tat immer so, als wüsste er genau, was wir sagten. Außerdem konnte dieser gerissene alte Kater Besucher schon von fern sehen – sogar vor ihrer Ankunft. Er führte ein zurückgezogenes Leben und konnte Fremde nicht ausstehen, daher verkroch er sich immer ganze zehn Minuten, bevor der Wagen der Besucher unsere Auffahrt hochfuhr, in eine Ecke, aus der heraus er der Beobachter, nicht der Beobachtete sein konnte. Wenn unser Russisch-Blau-Kater träumte, wackelte er mit seinen Schnurrhaaren angesichts sich nähernder Armeen von Mäusen. Alle Katzen tun das, aber unser Russisch-Blau-

Kater stand manchmal mitten im Schlaf auf, immer noch träumend, mit halb geschlossenen Augen. Diese rauchgrauen Tiere sind und bleiben Träumer. Träumer und Seher und Heiler, jedes einzelne von ihnen.

Die Russisch Blau als glücksbringende Katze, die sich besonders gerne am Feuer aufhält, ist mythologisch gesehen, sehr, sehr alt, und ihre Existenz reicht Tausende von Jahren zurück. Dieser Mythos beruht zum Teil auf der Vorliebe der Katzen, im Warmen zu liegen. Wenn die Katzen sich selbst wärmen, dann wärmen sie damit natürlich auch uns – weit mehr als nur äußerlich. Ein altes japanisches Mittel gegen Bauchkrämpfe war zum Beispiel eine warme Katze. Aber sie wurde auch gegen Melancholie und Epilepsie empfohlen. In Schottland glaubt man immer noch, dass Katzen Blindheit heilen können. Zudem werden Katzenfell und Katzenhäute abwechselnd gegen Verbrennungen, rheumatische Beschwerden, Ausschläge und Halsschmerzen eingesetzt. Am häufigsten jedoch wird immer noch der Schwanz zu Heilungszwecken verwendet, denn er bringt ein neues Gleichgewicht. So wanderte die Katze durch die Jahrhunderte, hielt ihren Schwanz schützend über uns und heilte unsere Krankheiten.

Das Grinsen der Edamer-Katze

Britisch Kurzhaar

Warum bringt uns das Aussehen der Cheshire Cat zum Lachen? Ist es das Lächeln ohne den dazugehörigen Katzenkopf? Ist es der geringelte Schwanz, der über dem Kopf von Alice im Wunderland schwebt? Oder vielleicht die kunstvolle Ausdrucksweise, der sich diese exzentrische Katze bedient? In Wirklichkeit ist es all das und mehr. Aber das faszinierendste Merkmal ist das ständige Grinsen der Cheshire Cat, die in der deutschen Übersetzung von *Alice im Wunderland* Edamer-Katze heißt. Sie sieht gutmütig aus, hat aber reichlich lange Krallen und mehr als genug Zähne. Ob komisch oder verrückt, Erfindung oder Tatsache: Die Edamer-Katze ist das Paradebeispiel einer literarischen Fiktion, die uns Rätsel aufgibt. Sie ist eine Rechenübung, wie manche Mathematiker behaupten, und viel mehr als ein Mythos. Einige meinen, die fette Katze im Baum sei das Symbol für die neue Physik. Andere behaupten, dass diese Katze die intellektuelle Generationskluft, die Ende des 19. Jahrhunderts apostuliert worden sei, darstelle. Wenn das stimmt, dann sind die Katze und ihr Streit mit Alice eine Metapher für das Aufeinanderprallen von Wissenschaft und Moral. Ein Streit, den wir nur zu gut kennen und der heute noch tobt.

> *»Würdest du mir bitte sagen, wie ich von hier aus weitergehen soll?«*
> *»Das hängt zum großen Teil davon ab, wohin du möchtest«, sagte die Katze.*
> *»Ach, wohin ist mir eigentlich gleich –«, sagte Alice.*
> *»Dann ist es auch egal, wie du weitergehst«, sagte die Katze.*

Der berühmte schlagfertige Verbalaustausch zwischen dem verlorenen Mädchen und der gefundenen Katze steckt voller Bezüge auf die Mathematik, die Linie beispielsweise. Wenn man irgendwo auf einem leeren Blatt Papier eine Linie zeichnet, dann kommt es nicht darauf an, wohin die Linie führt, da sie immer eine Linie bleiben wird. Sie hat auch keinen Anfang und kein Ende. Und wenn man sie an dem absoluten Nullpunkt oder der Leere misst, dann drückt sich die Linie als Null oder als Unendlichkeit aus. Wenn das nach Augenwischerei klingt, dann denken Sie an das Dilemma von Alice. Sie will »irgendwohin« und die Edamer Katze teilt ihr mit, dass sie auch sicher »irgendwo ankommen wird, wenn sie nur lange genug weiterläuft«. Gerade so wie eine Linie im Raum.

Die boshafte Unterhaltung von Alice mit dieser berühmten englischen Katze ist einer der am meisten kommentierten Dialoge, die je geschrieben wurden. Sein literarischer Einfluss ist ungeheuer groß. Die Katze, so meinen zumindest manche zeitgenössischen Kritiker, steht für das Chaos im Universum. Andere halten sie für die Vernunft in einer Welt der Unvernunft und des Wahnsinns. Gegensätzlicher können Deutungen kaum sein.

Die Katze, die im Traum von Alice zu Beginn des Buches Gestalt annimmt, ist eine geisthafte Präsenz des Unbewussten. Carrolls Buch hat viel mit Träumen zu tun, und beim Lesen müssen wir uns einfach als Träumende fühlen. Lewis Carroll notierte im Februar 1856 in sein Tagebuch eine Bemerkung, die etwas Licht auf sein Interesse an dieser Frage wirft. Wenn wir träumen, heißt es da, und uns dieser Tatsache dunkel bewusst sind und versuchen aufzuwachen, tun und sagen wir dann nicht Dinge, die im wachen Leben verrückt wären? Definieren wir Wahnsinn dann nicht manchmal als die Unfähigkeit zu erkennen, was das Wachleben und was das Schlafleben ist?

Die Edamer-Katze ist eine Kreatur, zu der wir uns hingezogen, von der wir uns aber auch abgestoßen fühlen. Wir empfinden Zuneigung und Furcht. Wir scheinen sie gleichermaßen zu mögen und zu verabscheuen und sind uns nicht ganz sicher, welche Gefühle wir ihr gegenüber haben sollen. Was die Katze sagt, mag der Wahrheit entsprechen, aber es könnte auch falsch sein. Ist das nicht der Tenor unserer Zeit, vor über 130 Jahren vorausgesehen von einem Visionär, einem Mathematiklehrer?

Die Katze stellt eine täuschend einfache Frage, eine Frage, die uns auch die Religion stellt und deren Wert die Wissenschaft leugnet: »Wohin gehst du?« Doch nicht die Frage quält uns, vielmehr unsere Überzeugung, dass die Katze um die Antwort weiß und sie uns nicht sagen will.

Kleine Katzenkunde

Man kann nicht über die Rasse der Cheshire Cat, der Edamer-Katze, sprechen, ohne zuerst den Ursprung ihres Grinsens zu erforschen. Der Ausdruck »to grin like a Cheshire Cat«, also »richtig breit grinsen«, stammt wahrscheinlich von den grinsenden Katzenköpfen auf den Wirtshausschildern alter Landgasthäuser. Eine andere Theorie besagt, dass der berühmte englische Cheshire-Käse so geformt wurde, dass er grinsenden Katzen glich – somit sei er die Quelle der Wortschöpfung. Denken Sie einmal darüber nach: allein die Vorstellung von einem Käse, der wie eine Katze aussieht ... Sollte eine Maus den Käse in die Pfötchen bekommen, würde sie quasi ihren Erzfeind verschlingen. Das ist die Art von Situationskomik, bei der sich Lewis Carroll, ein unverbesserlicher Liebhaber von Wortspielen, vor Lachen gebogen hätte.

Zweifelsohne ähnelt die Edamer-Katze am meisten der Britisch Kurzhaar. Sie ist eine stark gestreifte Katze mit Tabbyzeichnung – es bleibt der Phantasie überlassen, ob Orange und Weiß, Grau und Weiß oder Schwarz und Grau. John Tenniel, ein berühmter Illustrator im Viktorianischen Zeitalter, der Bleistift- und Tuschezeichnungen machte, malte für *Alice im Wunderland* eine breitgesichtige, rundäugige Katze mit einem riesigen, dichten Schwanz und einem kräftigen, rundlichen Körper. Der Kopf war massiv, die Schnauze betont und natürlich grinste sie. Die Nase war kurz und flach und die breiten Ohren standen aufrecht.

Die Edamer-Katze erinnert wie alle Katzen an die Mythologie Ägyptens, wo die Augen als Mondsymbol galten. Der zunehmende und abnehmende Mond spiegelt sich in den Katzenaugen wider, wenn diese der Dunkelheit ausgesetzt werden. Und die Katze selbst, die an die Nacht gewöhnt ist, kommt und geht, wie der Mond aufgeht und sinkt.

Englische Kritiker haben darauf hingewiesen, dass die Edamer-Katze einer bestimmten Geisterkatze ähnelt. Diese lebte im 18. Jahrhundert in der Congleton Abbey in Cheshire. Man sah sie häufig auf einem Pfosten nahe den Ruinen der Abtei sitzen. Wenn sich ihr jemand näherte, löste sich die Geisterkatze regelrecht in Luft auf. War die Geisterkatze von Congleton Abbey die Inspiration für die Cheshire Cat, die Edamer-Katze? Manche Kritiker halten das für möglich, da Carroll in der Nähe von Congleton wohnte. Doch zu jener Zeit kursierten in England viele solcher Legenden.

In christlichen Moralgeschichten ist die Katze häufig ein Symbol für Teilnahmslosigkeit und Vergesslichkeit. Daher auch die verwirrte und zusammenhangslose Konversation der Edamer-Katze mit Alice. Die Katze will ihr einfach nicht helfen, den Weg zu finden.

Auch alte europäische Märchen erzählen von der Vergesslichkeit der Katze: Das einzige Gedächtnis, das noch unzuverlässiger sei als das einer Katze, sei das einer Maus. Da Katzen Mäuse fressen, liefert dieses Märchen die Erklärung dafür, warum Katzen lückenhaft denken – sie nähren sich von der Vergesslichkeit!

Patricia Dale-Green, Autorin von *The Cult of the Cat*, schreibt, dass es jüdischen Jungen in Russland einst verboten war, eine Katze zu berühren, mit der Begründung, dass sie dadurch ihr Gedächtnis verlieren würden.

Die Edamer-Katze ist angeblich eine Menschenhasserin, ein Klischee, das man Katzen im Allgemeinen nachsagt. Die so genannten *Gibs* des alten England waren alte Kater, Veteranen heftiger Schlachten, jedoch kastriert. Einem solchen Kater, so hieß es, fiel es schwer zu lächeln. Wäre die Edamer-Katze eine von diesen Katern, dann wäre ihr Lächeln falsch. Doch das ist kaum der Fall – denn sie lachte über alles!

Die Hauskatze

Alle Rassen

Die meisten Katzen – wenn nicht alle – besitzen die Fähigkeit zur Translokation. Das heißt, sie finden ihr Heim selbst dann wieder, wenn sie, nach menschlichen Maßstäben, endgültig verloren scheinen. Forscher suchen ständig nach neuen Erkenntnissen über die mediale Katze, die so genannte Psi-begabte Katze. Aber in Wirklichkeit fallen alle Katzen unter diese Kategorie, wenn sie plötzlich oder auch längere Zeit von ihrem Zuhause getrennt werden. Dennoch bleibt das Thema rätselhaft. Wie konnte Sugar, eine schwarz-weiße Katze von gemischter Herkunft, auf ihren Pfoten 1500 Meilen von Anderson in Kalifornien nach Gage in Oklahoma laufen? Die

Reise dauerte 14 Monate, aber Sugar kam sicher nach Hause.

Offen gesagt weiß niemand, wie Sugar das bewerkstelligte. Doch es trägt zu dem Mythos von der heimfindenden Katze bei, die sich auf ihrer Reise von keinem Hindernis aufhalten lässt – weder vom Wetter noch von widrigem Gelände noch von körperlichem Stress. Denn wie heißt es doch so schön: *The cat came back the very next day, the cat came back because he couldn't stay away:* (Der Kater kam nach Hause schon am nächsten Tag, der Kater kam nach Hause, weil er fern nicht bleiben mag).

Katzen und Hunde sind beide Psi-begabt, was ihren Orientierungssinn anbelangt. Katzen scheinen jedoch über ein feiner eingestelltes Navigationssystem zu verfügen. (Zufälligerweise besitzt die Katze auch in der Motorik ein inneres Gyroskop; möglicherweise besteht da ein Zusammenhang.) Der Veterinärmediziner Dr. Michael W. Fox glaubt, dass Tiere eine Fähigkeit besitzen, die die Dissonanz zwischen der Sonnenzeit und der inneren Zeit reduziert. Aus Sicht einer Katze bedeutet das eine Affinität zur Sonne sowie die Fähigkeit, das Sonnenlicht zu »lesen« und mittels eines subtilen inneren Mechanismus die Tageszeit, die Jahreszeit oder das Verstreichen einer Sekunde zu spüren. Daher kann die Katze, wohl mit Hilfe von Sonnen- und Mondmagnetismus, ihrem Orientierungssinn ebenso sicher folgen wie wir einer Landkarte.

Wenn die Katze sich von einem Ort zum anderen begibt und dabei immer näher an ihr Ziel kommt, reduziert sich ihr Stress. Die Katze erkennt, was das Richtige ist: Dieser Weg fühlt sich falsch an, ändere die Richtung; dieser Weg fühlt sich richtig an, folge weiter dem Ziel. So agiert die Katze wie ein komplexes Sonarsuchgerät. Sie strebt zügig auf ihr Ziel hin und bewegt sich dabei durch einen inneren, weniger einen äußeren Raum.

Die These des inneren Sonars und die Sonnendissonanztheorie sind nur zwei mögliche Erklärungen für die Psi-Wegfindung. Es gibt natürlich zahlreiche andere Erklärungsversuche, einschließlich der von Joseph Wylder, dem Autor von *Psychic Pets*. Er vertritt die Ansicht, dass bestimmte Tiere selbst an bewölkten Tagen zu bemerkenswerten Wanderungen fähig sind, und um das zu tun, verwenden sie polarisiertes Licht. Bienen filtern beispielsweise das Licht derart, dass sie befähigt sind, ohne die Hilfe der Sonne zu ihrem Stock heimzukehren. Dazu wird das Licht in eine Art Schwingungs-Landkarte verwandelt.

Behaviouristen sind der Ansicht, dass Katzen in ihren Schnurrhaaren eine Art Echolokationsgerät besitzen. Sie könnten sogar magnetische Impulse auffangen, möglicherweise von Sonnenkörpern, die ihre Schnurrhaare beeinflussen. Darum scheint es nicht unlogisch, dass die Barthaare einer Katze wie Rezeptoren funktionieren können. (Es ist kein Zufall, dass man im englischen Sprachraum den Detektorpinsel eines Detektorempfängers auch »cat's whiskers«, also Schnurrhaar, nennt). In okkulten Katzensagen besitzen Schnurrhaare große Macht. Im Voodoo-, Obeah- und Santeria-Kult eignen sich die Schnurrhaare einer Katze zum Beispiel sehr gut dafür, etwas Verlorenes wiederzufinden.

Joseph Wylder glaubt, dass sich das Geheimnis der heimfindenden Katze nicht stark von anderen Tierwanderungen unterscheidet. Er denkt, dass Wissenschaftler auf der Suche nach einer Erklärung durch ihre quantitative Befangenheit häufig ihrem Forschungsgegenstand nicht gerecht werden. Was nicht gemessen, isoliert oder auf einem Schaubild dargestellt werden kann, gilt als unzuverlässige Information. Wie sollen wir aber dann den kosmischen Kompass der Katze begreifen?

Dr. Michael Fox, Wissenschaftler und Mystiker, scheint die beste und vernünftigste Antwort gefunden zu haben, der wir bislang begegnet sind: Wenn ein Tier die Tages- oder Jahreszeit wahrnehmen kann, dann ist es auch in der Lage, den genauen Ort zu finden, an dem es lebt, indem es die Sonne »liest« und den Winkel ihrer Strahlen in Bezug auf den erwarteten Wert misst, den die innere Uhr vorhersieht. Eine Nichtübereinstimmung weckt bei dem Tier die Motivation, die Dissonanz zwischen der Sonnenzeit und der inneren Zeit zu verringern. Somit ist das translokale Tier in der Lage, jeden Ort auf dem Globus exakt zu finden.

Manche meinen, das würde am Kern der Sache vorbeigehen, denn es erklärt immer noch nicht, wie blinde, taube und schwer behinderte Katzen nach Hause finden. Daher wird dieses Geheimnis wohl genau das bleiben, was es ist, nämlich ein Geheimnis. Und genau aus diesem Grund wurde der Katze einst die Aufgabe übertragen, uns in die nächste Welt zu führen.

Kleine Katzenkunde

»Hauskatze« scheint als Kategorie etwas weit gefasst. Doch wie die Prüfung der Beweise für Psi-Begabung gezeigt hat, gibt es keine bestimmte Rasse, die eine Ausnahme dieser Regel bilden würde. Verlorene Katzen finden den Weg nach Hause, ob sie nun Perser, Russisch Blau oder eine Mischung aus Ragdoll und der ägyptischen Mau sind.

Laut dem *Reader's Digest Illustrated Book of Cats* ist eine Hauskatze (die im vorliegenden Buch als eine eigene Rasse behandelt wird) zum Beispiel der Straßenkater, die Bauernhofkatze, das Kätzchen aus dem Tierheim – also jede Katze ohne Stammbaum oder offiziellen Abstammungsnachweis. Solche Katzen sind die Basis aller Rassen, die aufgrund sorgfältiger Züchtung, Mutation und Auswahl existieren. Dank ihrer angeborenen Intelligenz und Anpassungsfähigkeit hat die Hauskatze die Jahrhunderte überlebt – Kriegen, Krankheiten und menschlicher Grausamkeit zum Trotz.

Die hellsehende Katze ist eine Allerweltskatze. Nicht nur die Mondgöttin der amerikanischen Ureinwohner war eine weissagende Prophetin, deren einzige Freundin eine Katze war, auch die heidnische europäische Mondgottheit konnte die Zukunft vorhersagen und hielt sich eine Katze als Schoßtier.

Joseph Wylder schreibt in seinem Buch *Psychic Pets*, dass die Verbindung der Katze zum Kosmos in gewisser Weise vom Mond, vom Übernatürlichen und von den Teilen des Universums, die wir Menschen nicht begreifen können, beeinflusst wird. Als die menschliche Rasse den Tieren im Allgemeinen noch näher stand, erwiesen wir ihnen Ehrerbietung und hatten infolgedessen Anteil an ihrer Macht. Kein Wesen in der ganzen Tierwelt wurde mehr verehrt als die Katze. Wir schätzten sie für die Anmut, die sie ausstrahlte.

Die Tatsache, dass wir Tiere in Zoologischen Gärten, Streichelzoos oder eingezäunten Wildgehegen halten, zeigt, dass wir viel von unserer natürlichen Achtung vor diesen Kreaturen verloren haben. Einige Soziologen vertreten daher die Ansicht, dass wir den Freuden der Wildnis nur noch in unseren am leichtesten zu beobachtenden

Tieren – Hunden und Katzen – erlauben, Teil unserer domestizierten Existenz zu sein.

Unsere modernen Legenden stecken voller Katzen, die telepathisch veranlagt sind, und voller Hunde mit medialer Begabung. Wir suchen Begriffe, beispielsweise »Psi-Begabung«, für ein Phänomen, das in unserer Frühgeschichte wahrscheinlich als völlig normales Verhalten galt. Der Urmythos der hellseherisch begabten Katze besagt, dass ihre Macht unsere eigene übertrifft. Wenn wir der Legende von der heimkehrenden Katze glauben, öffnen wir uns damit unserem eigenen Potential als Reisende. Auch wir konnten einst auf einem Mondstrahl reisen, indem wir einfach nur in die Augen einer Katze blickten. Wir können uns mit den Geschichten über Psi-Begabungen bei Katzen zufrieden geben, aber wir erlauben uns den Luxus der Vorstellung, dass auch wir durch Zeit und Raum reisen könnten, ohne uns zu verirren. Hoffentlich wird das Vertrauen, das Katzen uns entgegenbringen, uns auch weiterhin mediale Führung gewähren und gleichzeitig unsere eigenen Kräfte aktivieren. Dann, und nur dann, können wir dem Geschenk der Katze an intuitiver Anmut gerecht werden.

Die Katze mit
dem Stummelschwanz

Manx

Die Legenden um die Manx-Katze reichen zurück bis zur Arche Noah. Dort kam sie zu spät und während sie sich einerseits für die Verzögerung entschuldigte, versprach sie andererseits, für ihren Unterhalt zu arbeiten. »Ich werde als Bezahlung Mäuse fangen«, teilte die Manx-Katze Noah mit. Also ließ er den Lukendeckel noch einmal herunter. Sie spazierte gemächlich hinauf, wie es die Art der Katzen ist, und als die Luke zugezogen wurde, klemmte ihr diese den Schwanz ab. So entstand der gestutzte Schwanz.

Eine andere Arche-Version besagt, dass dem Hund die Katze von Anfang an nicht gefiel und er ihr aus Boshaftigkeit den Schwanz abbiss. Als die Arche auf dem Ararat zum Liegen kam, rannte die Katze schamerfüllt davon und schwamm zur Isle of Man. Das oft zitierte Noah-Märchen endet wie folgt: *Thus tailless Puss earned Mona's thanks/And ever after was called a Manx.* (Die schwanzlose Mieze erntete Monas Dank/und hieß danach nur noch die Manx.)

Die Geschichten von der Isle of Man, von der die Manx-Katze ursprünglich stammen soll, besitzen einen ausgeprägt keltischen Charakter. Katzen, die beispielsweise nachts ausgesetzt werden und den Weg nach Hause finden, werden angeblich von Elfen geführt. Denn der König der Manx-Katzen ist am Tag eine Hauskatze, doch ein Feen-König in der Nacht. Es heißt, dass er in einer feurigen Kutsche über die Straßen prescht. Wehe dem Hausherrn, der den Katzenkönig an diesem Tag schlecht behandelt hat, denn wenn die Nacht anbricht, naht die Rache des Königs.

Woher stammt diese geheimnisvolle Inselkatze, die Manx, in Wirklichkeit? Dazu gibt es viele unterschiedliche Geschichten und ein abgetrennter Schwanz findet sich quasi überall und nirgends. Die am häufigsten erzählte Version lautet, dass zwei Schiffe im 18. Jahrhundert vor der Isle of Man, bei Spanish Point in der Nähe von Point Erin, Schiffbruch erlitten und einige verzweifelte Katzen ans Ufer schwammen. Allerdings wurde uns erzählt, dass in einem Zeitungsartikel aus dem Jahr 1801 wie folgt zu lesen ist: »Bei Jurby Point lief ein osteuropäisches Schiff auf Grund und eine schwanzlose Katze schwamm an Land.« Da bleibt viel Spielraum für die Phantasie, auch wenn ein solcher Vorfall nicht soviel hermacht wie die Geschichte mit der Arche.

Schließlich gibt es da noch diesen Bericht von Reverend

W. B. Clarke im *Cat Gossip Magazine:* »Ein baltisches Schiff geriet in Seenot, und als sich das Schiff dem Land näherte, sahen wir, wie zwei schwanzlose Katzen vom Bugspriet sprangen. Diese beiden waren die ersten ihrer Art, die jemals einen Pfotenabdruck im Sande unserer Insel hinterließen.«

Geographisch gesehen stammt die Manx-Katze also aus einem recht großen Ursprungsgebiet. Sie wurde sogar – oder eine Art, die ihr recht ähnlich sieht – in Teilen Russlands und sogar im Dschungel von Burma gesichtet. Zudem gibt es Katzen auf dem Malaischen Archipel mit krummen, geknickten, misshandelten oder anderweitig verformten Schwänzen. Die dazugehörige Geschichte besagt, dass eine Prinzessin Goldringe auf den Schwanz ihrer Katze aufzuziehen pflegte, aber als diese einmal den Schwanz senkte, fielen die Ringe ins Wasser. Zur Strafe knickte die Prinzessin den Schwanz der Katze ab, damit dergleichen nie wieder passierte.

An der Nordküste von Neuguinea machte es die Angewohnheit der Eingeborenen, Katzen zu verspeisen, für Katzenbesitzer notwendig, die Schwänze ihrer Lieblingstiere abzuschneiden und zu vergraben. Wenn die Katze dann gestohlen wurde, konnte man mit Hilfe der magischen Kraft des Schwanzes seinen Liebling wiederfinden.

Walisische Geschichten über die Manx stecken voller folkloristischer Symbole. So auch die Legende von der großen Sau namens Henwen, die kurz vor der Niederkunft stand. König Arthur, der wusste, dass das magische Schwein gefährlich für Großbritannien war, trieb Henwen ins Meer, woraufhin sie die nahe gelegenen Städte mit ihrer Nachkommenschaft beglückte. Diese bestand aus einem Weizenkorn, einem Gerstenkorn, einer Biene, einem Wolf, einem Adler und schließlich einem Kätzchen. Die Katze wurde in Arvon geboren und dann in den Menaikanal geworfen, wo sie die Söhne des Palug herausfischten und aufzogen. Aus ihr entwickelte sich die berühmte Palug-Katze, die Manx.

Die weiße Sau, die Getreidegöttin des alten Irland und Erzfeindin von England, konnte sich in eine Katze verwandeln. Wenn also alle anderen Sagen und Legenden nicht ausreichen, so ist doch wenigstens dies eine gute Erklärung, warum der Schwanz der Manx so kurz ist.

Kleine Katzenkunde

Die Manx, eine stummelschwänzige Hauskatze, hat ein lockeres Fell, weich wie bei einem Hasen, mit dichtem Unterhaar. Es gibt sie in vielen Farben, einfarbig, Bicolor, gestreift, gesprenkelt und in Schildpatt. Die Katze besitzt einen muskulösen Körper mit einem kurzen Rücken. Die Hinterbeine sind länger als die Vorderbeine. Der Kopf wirkt eindrucksvoll, wie bei einem Rotluchs, und die am Ansatz breiten Ohren sind abgerundet. Die Manx ist nicht nur eine gute Jägerin, man kennt sie darüber hinaus auch als verspielte, freundliche Katze, die zuweilen auch ziemlich schrullig sein kann.

Manx-Besitzerin Janette Healy, die auf einer Insel lebt, erzählt, dass ihre Manx eine Schiffskatze ist.

In dem Wohn- und Ferienhauskomplex, den sie zusammen mit ihrem Ehemann verwaltet, buchen sich die Leute für das Wochenende ein und legen mit ihren Booten in dem kleinen Hafen an. Manx-Kater Jack genießt es, die Boote beim Einlaufen zu beobachten, und wenn ein Neues auftaucht, lässt er ihm seine komplette Küstenwache-Inspektion angedeihen. Er springt vom Pier auf das Boot und streift durch alle Kabinen. Dann spaziert er von Bord und geht zum nächsten Neuankömmling, um ihm seine ganze Aufmerksamkeit zu schenken. Er besucht kein Boot mehr als einmal und einige der Mieter nennen ihn schon Captain Jack. Die zweite Manx ist eine vierzehnjährige Katze namens Zip, die in den ersten neun Jahren ihres Lebens eine reine Wohnungskatze war. Als vor sechs Jahren im Haus ein anderer Teppichboden verlegt wurde, wollte sie nur noch im Freien sein, selbst wenn es stürmte. Man darf das Hoheitsgebiet einer Manx nicht so einfach durcheinander bringen. Heute lebt sie in einem Übertopf vor dem Haus und sie ist glücklich damit, eine frei lebende Buschkatze zu sein.

Da die Manx wahrscheinlich auf die Isle of Man gelangte, als eine spanische Galleone vor der Küste im Meer versank, ist es gar nicht so abwegig, dass andere spanische Eroberer ihre schwanzlosen Mäusejäger ebenfalls auf ihren Reisen mit sich führten. Ponce de Léon hat möglicherweise die Manx zu den vorgelagerten Inseln an der Golfküste Floridas gebracht. Die Schweine von diesen Schiffen werden auf den Inseln auch heute noch gezüchtet, 400 Jahre später, und man findet dort außerdem wild lebende Manx-Katzen. Wer vermag zu sagen, wie lange sie schon dort leben?

Die Manx erinnert viele Menschen an den Rotluchs, also an eine Wildkatze. Das hebräische Wort für Luchs lautet *Haret*. Davon leitet sich das englische Harry ab, ein Name, der mit Plünderungen und Raubzügen in Verbindung gebracht wird. Das alte Lied *Just Wild About Harry* ruft das in Erinnerung, und der Begriff *to harry someone* oder *to harry something* bedeutet soviel wie »jemanden oder etwas ausplündern oder verwüsten«. Also jemanden gewissermaßen etwas »abluchsen«.

Die Spuk-Katze

Jamaikanischer Rampuss

Geisterkatzen gibt es seit der Domestizierung wilder Katzen in Libyen und Nubien vor 4500 Jahren. Als wir die Katze als Jägerin und Gefährtin zu uns holten, wurde sie für uns auch zum Opfertier. Wir wollten sicherstellen, dass ihr beseligender Geist immer bei uns ist. Geisterkatzen sind daher Ausdruck des Glaubens, dass Katzen die Menschen in das Leben nach dem Tode begleiten. Diese religiös motivierte Vorstellung war weit verbreitet – von Ägypten bis Asien und vom Mittelmeer bis in den Kaukasus. Im amerikanischen Süden findet sich eine ungeheure Vielzahl von Geisterkatzengeschichten, die aus afrikanischen Volksmärchen entstanden sind und bis ins vorbiblische Äthiopien zurückreichen.

Eine dieser Geschichten handelt von einem Prediger auf dem Mississippi, der die Nacht in einem Haus verbrachte, in dem seit dem Bürgerkrieg niemand mehr gewohnt hatte. Die ganze Nacht blieb er wach und las in der Bibel. Als er plötzlich ein Geräusch hört, sieht er nach unten und entdeckt ein Kätzchen zu seinen Füßen. Er versucht, es zu streicheln, aber seine Hand kann es nicht berühren, also liest er weiter in der Bibel. Etwas später kommt noch ein Kätzchen, das etwas größer ist als das erste. Der Prediger kann wieder seine Hände nicht auf das Tier legen. Als die nächste Katze auftaucht, ist sie noch größer als die beiden ersten. Die Katzen werden immer größer und größer, bis die große Geisterkatze persönlich den Raum betritt. Der Prediger legt die Bibel aus der Hand, geht zum Fenster und schaut hinaus. Er sieht, wie all die mondlichtartigen Geisterkatzen der gesamten Welt in das Spukhaus strömen. Sie zischen und spucken und knurren. Später findet ein Mann den Prediger bewusstlos auf dem Boden liegend. Er nimmt den Prediger mit zu sich nach Hause und legt ihn in sein Bett. Als der Prediger aufwacht, singt er:

»O Herr, mir ist, als schwebte ich wie eine Feder durch den Raum. / Mir ist, als hättest du mich niemals beten lassen. / O Herr, die Katze ist im Schrank und unter des Rockes Saum. / Die Katze lähmt meine Zunge, lässt mich keinen klaren Gedanken fassen.«

Der Prediger und die Katze ist ein bekanntes Märchen im amerikanischen Süden. Wie Sie sehen, werden die Katzen in diesem Fall nicht als Feinde dargestellt, sie sind einfach Geister. Ein Großteil unserer Geisterkatzenerzählungen zielt in dieselbe Richtung: Katzen, die das Ende nahen fühlen, Katzen, die uns auf etwas Wichtiges aufmerksam machen, Katzen, die auftauchen, wenn wir bereit sind, die Brücke zwischen Leben und Tod zu überqueren. In dem oben genannten Fall bekommt der Prediger eine großzügige Dosis seiner eigenen spirituellen Medizin und eine Extra-Dosis Nachtschattengewächs »du chat«.

In Jamaika bewohnten wir einmal den älteren Teil eines Hauses, einen Ort, der, wie man uns mitteilte, häufig von Spuk- oder Geisterkatzen heimgesucht wurde. Eines Nachts besuchte uns eine Katze, ein vernarbter und verschrammter Kater, den alle Rampuss nannten. Dieser Kater war nie gezähmt worden, aber hin und wieder quartierte er sich vorübergehend bei jemandem ein. In der ersten Nacht fütterten wir Rampuss und danach blieb er eine ganze Woche bei uns. Während dieser Zeit sagten alle, dass Geister aus den umstehenden Bäumen fielen. Die Köchin meinte, es läge an dem Kater, denn »Geister mögen Katzen, und Katzen mögen Geister, und so ist es schon seit Anbeginn aller Zeit«.

M. O. Howey widmet in seinem Buch *Die Katze in Magie, Mythologie und Religion* den Spukkatzen ein ganzes Kapitel. Eine seiner Geschichten dreht sich um den englischen Ägyptologen Lord Carnarvon, der sich vor über einem Jahrhundert in Theben aufhielt. Lord Carnarvon hatte in einem Grab den Sarg einer Katze gefunden, ihn mit nach Hause genommen und in sein Schlafzimmer gestellt, damit er ihn am nächsten Morgen ansehen konnte. Doch der Ast eines Baumes bewegte sich in der Nacht im Wind und sein Schatten tanzte über das Gesicht der Katze. Die gelben Augen schienen sich zu öffnen und zu schließen und der Mund schien zu grinsen. Lord Carnarvon schlief unter dem funkelnden Blick dieser 3000 Jahre alten mumifizierten Katze ein, bis er von einem Pistolenschuss geweckt wurde. Als er sich aufsetzte, um herauszufinden, was da vor sich ging, entdeckte er, dass der Sarko-phag aufgesprungen und die mumifizierte Katze offen gelegt war. Das Leichentuch um ihren Hals war gelöst. Plötzlich sprang eine Geisterkatze in die Luft, landete auf dem Bett und kratzte Carnarvon mit ihren Klauen. Er rannte zum Fenster, wo er seine eigene Hauskatze sah, die mit krummem Buckel und aufgerichtetem Fell in die Büsche starrte, als ob sie dort zehn Katzenteufel sähe. Car-narvon glaubte, dass die Ereignisse auf völlig natürliche Weise erklärt werden könnten, wenn man nur wolle. Was uns betrifft, wir stellen uns dieses Ereignis lieber bildlich vor, als lange Erklärungsversuche abzugeben.

Die Verbindung zwischen Katzen und der Nachwelt ist in der menschlichen Vorstellungskraft so tief eingegraben, dass man von Katzen geradezu erwartet, Dinge zu sehen, die wir nur erahnen können. Vor kurzem schickte uns die Katzenliebhaberin Joanne Merritt die folgende Geschich-te:

»Vor einigen Jahren starb unsere Tochter Mary. Eines der letzten Dinge, die sie vor ihrem Tod tat, bestand darin, unseren Weihnachtsbaum zu schmücken. Wir gedenken ihrer zu Weihnachten, indem wir den Baum mit ihren klei-nen Kugeln schmücken. Aus irgendeinem Grund stellten wir fest, dass unser Kater Peppy diesen Baumschmuck nicht in Ruhe lassen wollte. Er riss ihn vom Baum und versteckte ihn. Wir gingen von einem Zimmer zum anderen und such-ten nach den verschwundenen Kugeln. Sobald ich sie wie-der am Baum befestigt hatte, machte Peppy ungerührt wei-ter. Für gewöhnlich bei Nacht: Er entfernte die Kugeln vom Baum und versteckte sie. Doch als das Weihnachtsfest näher rückte, ließ er die handgefertigten Dekorationen in Ruhe und war zufrieden, sich unter die Lichter zu legen und uns anzustrahlen, wie es Katzen eben tun.«

Die Geisterkatze ist nicht nur einfach eine Geisterkatze, sie spiegelt auch das spirituelle Wesen des Tieres wider. Die Katze ruht zwischen zwei Welten: Tag und Nacht, Geist und Materie, Körper und Seele. Und sie zeigt den Menschen, dass diese beiden Welten in Wirklichkeit eins sind.

Kleine Katzenkunde

»Rampuss« ist die jamaikanische Bezeichnung für einen großen streunenden Kater, der gern seinen Kopf durchsetzt. Alle Rampuss-Varianten stammen wahrscheinlich von der Britisch Kurzhaar ab, aber sie haben ganz eigene jamaikanische Qualitäten angenommen, schon allein aufgrund der Tatsache, dass sie seit dem 17. Jahrhundert in diesem Land leben.

Die Jamaikaner vertrauen den Katzen eigentlich nicht, wie man an folgendem Sprichwort sieht: »Was in einer Katze steckt, weiß man erst, wenn man die Butter hervorholt.« Doch die Identifikation mit der größten aller Katzen, dem Löwen, ist in der Karibik allgegenwärtig. In jamaikanischen Rasta-Kreisen ist der Löwe die spirituelle Mitte, die Seele des Menschen. Laut Gerald Hausman und Kelvin Rodriques in ihrem Buch *The African-American Alphabet* stammt die Kraft des Löwen von der Kanzel, wo lautstark alles Löwenhafte in Parabel, Lied und Predigt ertönte: Daniel in der Löwengrube; Davids Leibwächter, der einen Löwen tötete; die löwengesichtigen Krieger Gottes, der noble Stamm von Juda. Wir sprechen heute noch metaphorisch davon, »sich in die Höhle des Löwen« zu wagen, und im Gesicht des Pharao erkennen wir die mandeläugige Ähnlichkeit zum Löwen und den falschen

Bart auf dem rasierten Kinn. Der Pharao war zum Teil Falke, zum Teil Kobra, zum Teil Löwe und er galt als Bruder-Gott all jener, die ihm ihre Haut, ihre Augen und ihre Denkweise liehen. Als edle Gestalt war er unwidersteh- lich, auf dem Schlachtfeld war er unsterblich.

Der Löwe ist daher eine männliche Figur, entstanden durch die Symbiose mit der Sonne. Wenn sich ein Mann oder eine Frau diese religiöse Haltung aneignen, nehmen sie damit auch das Löwen-Wappen von Haile Selassie I., König der Könige, Fürst der Fürsten, dem siegreichen Löwen des Stammes Juda an.

Der okkulte Glaube an den Löwen erinnert uns an eine Zeit, als die Katze – wie die Sphinx, die nach ihrem Vorbild entstand – über Leben und Tod, über Vergangenheit und Gegenwart hinaussehen konnte in eine funkelnde Zukunft.

Die unsterbliche Katze

Abessinier

Der vielleicht älteste Archetypus der Katzen ist der der unsterblichen Katze, der Göttin, die neben den Unheils-Dämonen thront und die ängstliche menschliche Seele weise und geduldig ihrem Schicksal entgegenführt. Anders als die Versorger-Katze, die Märtyrer-Katze, die heilende Katze oder die Geisterkatze ist dieser Archetypus in der Tat ein Symbol für die Erfahrungen nach dem irdischen Leben. Die unsterbliche Katze existiert in der Unterwelt zwischen Leben und Tod, beobachtet und wartet, passiv bis zu dem Augenblick, in dem der menschliche Geist bereit ist, befreit zu werden. Dann, und nur dann, führt sie die menschliche Seele zu ihrem letzten Ruheplatz.

Eines der besten Beispiele für diesen Mythos stammt aus der Feder von Tennessee Williams. Die Geschichte heißt *Der Fluch* und handelt von einem Pechvogel namens Lucio und einer Katze, die auf den Namen Nitchevo hört. Das Schicksal, das über den panischen kleinen Lucio hereinbricht, der immer irgendwie fehl am Platz ist und als Metapher für den modernen Menschen verstanden werden kann, ist eine unausweichliche Katastrophe.

Williams inszeniert mit seiner Schilderung der Landschaft, der Gebäude, der verzweifelten Menschen der Stadt ein komplexes Bild des menschlichen Leidens. Das ist das Mittelalter, so heißt es da, das dunkle Zeitalter, in dem Katzen als Boten des Bösen hingerichtet wurden. Tatsächlich spielt die Geschichte Mitte der fünfziger Jahre im industrialisierten Amerika, das auf seine eigene Weise mittelalterlich war.

Wie Lucio die Welt sieht, so wirkt sie auf ihn zurück: dunkel und grausam. Die Apokalypse steht bevor, aber wir erfahren nicht, warum die Katastrophe droht, nur dass sie noch mehr Leid bringen wird. Die Katzengöttin wird herbeigerufen angesichts des Endes des Jahrtausends. Es erscheint die große Katzenbestie, die kreischenden Vögel kreisen über ihr, die Welt dreht sich außer Kontrolle – kurz: das ultimative Zeitalter des Chaos bricht an. Tennessee Williams beschreibt das Ende der Welt, als ob das alles schon einmal geschehen sei, und er verleiht diesem eine besondere Bedeutung, indem er es durch die Augen des kleinen Durchschnittsmannes Lucio sieht. Lucio ist dem Untergang geweiht, doch jemand ist auf seiner Seite: die treue unsterbliche Katze Nitchevo. Dieses Tier ist das einzige Wesen in dieser verzweifelten Stadt, das einen fragenden Blick und einen Hauch von Unschuld besitzt. Mit der Zeit wärmt die Herzlichkeit dieser Katze die Seele des kleinen Mannes und zwischen ihnen erwächst eine Liebe, die nicht mehr zerbrechen kann.

Der seltsame Titel *Der Fluch* beschwört Bilder von Untergang und Vernichtung herauf. Ist die Katze trotz allem eine Abgesandte der Dunkelheit? Nein, denn Nitchevo symbolisiert die große Katzenmutter, die die ängstliche menschliche Seele beschützt. Die Wachsamkeit der Katze entspricht der von Sonne und Mond, die sie ja auch symbolisiert. In der Geschichte streunt Nitchevo jedoch herum, so dass die Katze und der zermürbte Mann am Ende dasselbe Schicksal ereilt, der Tod. Sie waren zur falschen Zeit am falschen Ort – geboren im falschen Jahrhundert, geboren in einer qualvollen »Unzeit«.

Die Zeit wird zusammengedrängt in diesem Mythos, alle Epochen scheinen gleichzeitig stattzufinden. Darum weiß Nitchevo, die in der Vergangenheit Göttin und Vertraute der Hexen war, sehr genau, was ihr bevorsteht: das Verbrennen, das Köpfen, der Verrat an ihr, die sie doch die Retterin der Menschheit ist. Nitchevo ist zeitlos. Sie ist Christus am Kreuz, der den Vater fragt: »Warum hast du mich verlassen?« Und sie ist das heilige Geheimnis an den Ufern des Nils, das einen Schatten wirft so groß wie der Fluss. Sie ist die kauernde Bestie, der Antichrist, der am Höhepunkt der Offenbarung erscheint.

Als die Sonne in einem Flammenmeer untergeht, ertrinken Lucio und Nitchevo gemeinsam in dem schmutzigen, öligen Fluss bei der entweihten Stadt. Nitchevo kämpft noch gegen ihn an, aber nur kurz. Sie weiß, was sie tun muss. Dann, als sie im Wasser, im Rauch und im Wind verschwinden, spürt Nitchevo, wie die Verschmelzung von Mensch und Katze sich in einen Segen verwandelt. Lucios letzte Worte künden nicht vom Tod, sondern von einem transformativen Bereich jenseits menschlicher Erkennt-

nis, von einem Blick auf die Wiedergeburt: »Bald, bald,
schon bald.«

Kleine Katzenkunde

Die ägyptische Mau, eine Züchtung, die in Ägypten in
freier Natur vorkommt, wurde schon 1400 v. Chr. in
Elfenbein und Lapis geschnitzt und in Bronze gegossen.
Wir finden die Göttinnenkatze mit einem goldenen Ring
in der Nase oder im Ohr und mit einem Eulen-Anhänger
auf der Brust. Die modernen Mau-Katzen werden mit
Blick auf diesen uralten Prototyp gezüchtet. Sie haben
Saphiraugen und einen geschmeidigen, sehnigen Körper
aus Seide.

Die ägyptische Mau ist eine Kusine ersten Grades der
Abessinier-Katze. Die Mau war eine Tempelkatze, die in
Karneol und Achat unsterblich gemacht wurde. Ägyptische Kunsthandwerker fingen jede ihrer Stimmungen ein
– kauernd, streunend, schreitend, zuschlagend. Sie porträ-
tierten sie im Flug, bei der Jagd auf Spatzen und im tiefen,
traumreichen Schlaf.

Die vorherrschenden Fellzeichnungen sind Tupfer,
scheinbar zufällig verteilt. Der Kopf ist schmal, hunde-
ähnlich und rechteckig, mit ausgeprägten, schwarz um-
randeten Augen. Es gibt sie in drei Farben, Silber, Bronze
und Smoke, und das Fell ist fein und seidig, aber nicht
dicht genug, um die Katze in kälteren Klimazonen zu wärmen. Der Schwanz ist lang und läuft spitz zu. Ihre Haltung
kann man als statuesk bezeichnen.

Die Katzen wurden auf zweierlei Weise geopfert: im
Feuer und im Wasser. Hunderttausende dieser Katzen
wurden während der Zeit des Katzenvölkermordes (von

den Pestjahren bis hin zur puritanischen Ära) in Europa und Amerika verbrannt, ertränkt und geköpft. In Deutschland, Frankreich und England wurden sie vornehmlich verbrannt. Anschließend verstreute man ihre Asche auf den Kornfeldern, um eine reiche Ernte zu gewährleisten. Ein Teil der Symbolik der wachsamen Katze, die niemals stirbt, besagt: Die Katze wird im Opfertod mit der Erde vermählt.

In der Heilkunde wurden Katzenverbrennungen bisweilen durchgeführt, um das prophetische Zweite Gesicht zu gewinnen. Der Talmud lehrt uns beispielsweise, wie man die Plazenta einer schwarzen Mutterkatze verbrennt, die Asche anschließend zu Puder zerstößt und dieses in die Augen reibt.

Die Verbindung der Katze mit dem Feuer ist historisch gesehen ein ägyptisches Erbe und hat ihren Ursprung in der Sonnenanbetung. In Europa hielt man nach den Pestilenzepidemien die Katze für den Garant einer guten Ernte. Und so sagte man ihr nach, sie machte auch das Heim sicher. Die Feuerkatzen reichen also bis in unsere Frühgeschichte zurück. Aber was ist mit den Wasserkatzen? Sie sollten Befreiung garantieren. Das Wasser als Element der Wiedergeburt (wie beim Ritual der christlichen Taufe) und die Katze als Symbol der Unsterblichkeit passen gut zusammen. In einem unserer ältesten Mythen kann das Wasser der Sintflut der Katze, die von der Arche sprang, nichts anhaben.

Während der Feierlichkeiten zu Ehren der Bastet hoben die ägyptischen Frauen ihr Gewand über ihren Kopf und sangen laut unzüchtige Lieder, während sie von Crotalas, archaischen Zymbeln, begleitet wurden. Über den Nil trugen Prozessionen von Barken Männer und Frauen nach Bubastis, wo die Statue der Bastet enthüllt und ihr mit

Gebet, Gesang und Festen Ehrerbietung erwiesen wurde. Das nannte man das große »Kommen« und durch dieses Ritual brachte man Katzen auf Dauer mit sexueller Kraft in Verbindung.

Ungefähr 1300 Jahre später tauchte die Katze als Wassergestalt wieder auf. Germanische und keltische Legenden schildern, wie sie die Kräfte der Natur als Meereskatze, als eine tintenfischartige Gottheit, eine dunkle Kraft der Unterwasserwelt in Opposition zu Neptun, kontrollierte. Das erinnert natürlich an Ursula, die Meereshexe in dem bekannten Disney-Zeichentrickfilm *Die kleine Meerjungfrau*. Sie ist die sexuelle Wasserkatze, die ihre Liebhaber versklavt und die menschliche Seele der Unterwelt ausliefert.

Der Gedanke, dass dieser Mythos nach so vielen tausend Jahren noch lebendig ist, erstaunt, denn fast nichts hat sich geändert an Ra, der Katze, und Apep, der Schlange, die um die Vorherrschaft von Tag und Nacht kämpfen.

Die reisende Katze

Siamesen

Einige Katzen sind von Natur aus gute Reisegefährten, andere dagegen erleiden schon beim Anblick eines Koffers einen Schlaganfall. Cleveland Amory, der Autor von *Die Katze, die zur Weihnacht kam*, schildert, wie ihn seine Freunde warnten, als er mit seinem weißen Kater Polar Bear nach Hollywood zog. Die Quintessenz ihrer Warnungen lautete, dass Katzen als Weggefährten auf langen Reisen irgendwo zwischen Alligatoren und Orang-Utans rangieren.

Amory erzählt, dass Katzen Revieransprüche haben und dass zudem sein Kater kein Ereignis mochte, das sich nicht schon zuvor ereignet hatte. Eine unter Katzen verbreitete

Neigung, wie sicher alle Katzenkenner bestätigen können. Amory erinnert uns auch daran, dass der Luxus eines Hotelzimmers von einer Katze nicht gewürdigt wird. Für sie ist das Zimmer eine unkartographierte Wildnis, in der hinter jeder Ecke Gefahren lauern und die dem Horrorkabinett in jedem Wachsfigurenmuseum die Schamesröte ins Gesicht treiben würde.

Natürlich ist nicht alles, was für die Katze gut ist, auch gut für die Mieze, will sagen, nicht alle Katzen sind gleich. Einige Experten, und dazu zählt auch Cleveland Amory, glauben, dass die meisten Katzen eine Ortsveränderung akzeptieren können, vorausgesetzt, es wurde ihnen schon früh beigebracht. Wir haben beispielsweise von einem schwarz-grau-gestreiften Kater gehört, der überallhin in einem großen Korb getragen wurde, seit er drei Monate alt war. Der Name des Katers lautete Samuel Tinker und solange er in seinem Korb saß, war er in seinem Element. Er streckte sich darin zu voller Länge aus, und ob er sich dabei auf der Flaniermeile eines Luxusliners befand, in einem heruntergekommenen Hotel oder auf den entsetzlich lauten Pflastersteinwegen eines türkischen Basars – ihm ging es blendend. Samuel war ein beispielhafter Katzenreisender und auf dem Höhepunkt seiner Karriere als Reisekatze lernte er sogar, in einem Hafen vor der Küste Nordchinas einem Kanonenboot hinterherzuschwimmen.

Eine weitere bemerkenswerte Reisekatze war eine 15 Pfund schwere Siamesendame, die der Schriftsteller Michael Joseph mit sich nach Burma nahm. Die Katze mit dem Namen Billikin reiste in Zügen, überlebte Feuersbrünste und entkam einmal sogar den Klauen eines burmesischen Panthers. Und man muss der Katze hoch anrechnen, dass sie all das mit einem Lächeln überstand.

Eine der vielleicht erstaunlichsten Katzenreisegefährten

von Michael Joseph war eine Perser-Katze, die Persien auf dem Rücken eines Esels durchquerte. Die Katze nahm diese Form des Reisens so bereitwillig hin, dass sie beim Abbruch des Zeltlagers jedes Mal wartete, bis die Esel bepackt worden waren, und im passenden Moment voller Vorfreude auf die Reise in den Packsattel sprang. Den ganzen Tag reiste sie auf diese Weise so zufrieden, tja, wie eine Katze.

Normalerweise macht Katzen Bewegung nichts aus, wenn sie »mit ihrer Nase sehen können«. Das ist nicht der Fall, wenn das Tier in einer Transportbox eingesperrt ist, in der unvertraute Gerüche die Katze prompt in die Schreckenskammer ihrer fruchtbaren Phantasie führen.

Ernest Thompson Seton, Autor von *Wild Animals I Have Known*, schrieb einmal, dass eine Katze sorgfältig den langen, unsichtbaren Strom des Windes prüft. Unsere Katze Sammie, die zwar ganz schwarz, aber zu drei Vierteln eine Siamesin war, prüfte an strahlenden Vormittagen den Wind, und wenn er ihr gefiel, verschwand sie für drei bis vier Monate auf der Straße – jedoch immer bereit, bei jahreszeitlichen Schwankungen oder Wetterveränderungen zurückzukehren.

Eines Tages rief uns ein Freund an, der einige Meilen von uns entfernt wohnte, und sagte: »Ich glaube, eure Katze ist in unserer Scheune.« Wir fuhren hinüber und da war Sammie, unsere Siamesin. Sie war keineswegs froh, uns zu sehen. Wir nahmen sie mit, und obwohl sie im Wagen keinen Ton von sich gab, sah sie äußerst missvergnügt aus. Als wir sie in der Küche unseres Hauses absetzten, ging Sammie direkt zur Hintertür, die nur angelehnt war, erschnüffelte einmal kurz den Wind und war schnurstracks wieder auf der Straße.

Wenn Sammie zurückkam, manchmal erst nach sechs Monaten, schnurrte sie tagelang ohne Unterlass. Sie strich den ganzen Tag durchs Haus und sang: »Ich bin wieder da, ist es nicht toll? Ich bin wieder zu Hause.«

Gegen Abend wurde der Gesang gedämpfter, aber es ging dennoch mindestens zwei Tage lang so weiter. Und sobald an einem strahlenden Morgen der Himmel einen bestimmten undefinierbaren Schimmer bekam und ein Hauch minziger Frische im Wind lag, raffte Sammie sich auf, schnüffelte an dem unsichtbaren Strom des Schicksals und verschwand für weitere sechs Monate. Eines Morgens, nach 15 Jahren des Abschiednehmens und der Wiederkehr, verließ uns Sammie, ohne jemals wieder heimzukommen.

Glücklicherweise hatten wir noch unseren Seal-Point-Kater Moonie, Sammies Sohn. Moonie verließ das Haus niemals, außer in extremen Notfällen. Er war genau wie Amorys Polar Bear ein Nichtreisender beziehungsweise ein Reisender in den mystischen Reichen des Geistes. Als es eines Tages nötig war, mit Moonie von den Bergen New Mexicos zu den flachen Pinienwäldern Floridas umzuziehen, beobachtete unser Kater die Möbelpacker unentwegt, fest entschlossen, keinerlei Regung zu zeigen.

Nachdem jedes vertraute Möbelstück von seinem bislang festen Ort fortbewegt worden war, gab Moonie ein typisches Siamesenjaulen von sich. Als sich schließlich alles im Umzugswagen befand, verfiel Moonie in eine trostlose Stimmung. Wir hatten eine Katzentransportbox für ihn besorgt, eines von jenen klaustrophobischen kleinen Gefängnissen. Nach kurzem Kampf wurde Moonie ruhig und ergab sich in sein Schicksal.

In jedem neuen Hotelzimmer durfte Moonie sein Gefängnis verlassen und sich frei bewegen, aber das tat er nicht. Er blieb, wo er war, hüpfte für gewöhnlich nur auf unser Bett und kroch dann sofort unter die Laken, wo er den Rest der Nacht verbrachte.

Unsere Blaustirnamazone George sah weit mehr von der vorübereilenden Landschaft als Moonie und plapperte auch mehr. Moonie dagegen gab keinen Maunzer von sich, bis wir nach eintausend Meilen ins südwestliche Florida gelangten. Da jaulte er plötzlich ziemlich viel. Wahrscheinlich erzählte er uns von den Schrecken, die er unseretwegen durchmachen musste.

Moonie gefiel die subtropische Atmosphäre nicht, in der er von da an gezwungenermaßen leben musste. Er war immer ein überschwänglicher Kater gewesen, aber nun wurde er niedergeschlagen. Er mochte es nicht. Er wollte wieder in sein altes Zuhause, wir konnten es in seinen Augen lesen. Er sehnte sich nach den vertrauten Gerüchen. Er hasste Florida.

Einige Wochen nach unserer Ankunft im Sonnenscheinstaat zog sich Moonie eine schwere Erkältung zu mit einem Husten, der den ganzen Winter anhielt. Eines Morgens fiel uns auf, dass er sich sichtlich verändert hatte. Seine herrliche dunkelbraune Maske hatte sich in frostiges Weiß verwandelt. Moonie war ergraut. Er war in einer Nacht um zehn Jahre gealtert. Als wir ihn ansprachen, blinzelte er schwach und wir konnten ihn förmlich sagen hören: »Geht weg.«

Doch dann hatten wir eine Idee, inspiriert von Ernest Thompson Setons Bemerkung über den unsichtbaren Strom des Windes, von dem eine Katze abhängig ist: Wir nahmen Moonie mit auf unsere Spaziergänge. Wir zeigten ihm die leuchtend grüne Welt der Palmen und Zwergpalmen und wir ließen ihn den unsichtbaren Strom erschnuppern, der seine Mutter so viele Jahre lang geleitet hatte.

Nach mehreren Ausflügen ins Freie wurde Moonie ganz langsam etwas fröhlicher. Seine Augen blickten lebhafter. Jeden Morgen ging er hinaus und sog den Wind ein. Es war

Frühling und Orangenblütenduft lag in der Luft. Einmal nahmen wir Moonie mit zum Dock neben unserem Haus und plötzlich tauchte eine Weichschildkröte aus dem dunklen, teefarbenen Wasser auf. Moonie stellte sich der Schildkröte vor und sie berührten sich dabei beinahe an der Nase.

In Nullkommanichts war Moonie wieder ganz der alte und fühlte sich endlich wohl mit diesem Umzug von einem Ort zum anderen. Er verwandelte sich wieder in sein altes gesprächiges Selbst, wurde stark und selbstsicher, und obwohl er schon 16 Jahre alt und ein wenig dickbäuchig war, nahm er nun ab und sah wieder fit aus. Und was noch viel erstaunlicher war: Seine Maske färbte sich wieder dunkel, war nicht länger weiß, sondern nahm die Farbe deutscher Schokolade an.

Wenn die Leute Moonie heute sehen, dann denken sie, er sei zwei oder drei Jahre alt. Niemand errät sein wahres Alter. Manchmal fragen wir uns, warum Menschen nicht auch das tun können, was Moonie tat – die Jahre zurückdrehen und wieder jung werden. Wenn wir niedergedrückt sind, wenn uns die Kontrolle über das Leben aus den Händen gerissen scheint, wie es bei unserem Siamkater der Fall war, warum können wir dann nicht einfach tief den Wind einatmen und diesem unsichtbaren Strom in die Richtung eines glücklichen Schicksals folgen?

Kleine Katzenkunde

Die Siamkatzen waren einst eine wild lebende Art im fernen Osten. Allerdings gibt es dafür keine Beweise. Die ersten Siamesen in der Literatur tauchen in einem 500 Jahre alten Manuskript in der Nationalbibliothek von Bangkok, Thailand, auf. Zu Beginn des 19. Jahrhunderts schenkte König Chulalongkorn dem britischen Konsul in Bangkok ein Paar Seal-Point-Siamesen namens Pho und Mia. Und so begann die westliche Erfolgsgeschichte dieser Rasse.

Diese beige- und schokoladenfarbene Katze hat eine dunkle Maske und blaue Augen. Walt Disney stellt in seinem Zeichentrickfilm *Susi und Strolch* zwei Siamesen-Katzen mit kalter, intriganter und widerborstiger Persönlichkeit vor. Nichts könnte jedoch weiter von der Wahrheit entfernt sein, wenn es um diese Rasse geht, denn diese mitfühlenden Katzen sind schön anzusehen und angenehm im Umgang. Sie verhalten sich alles andere als schäbig.

Siamesen sind Katzen mit zartem Körperbau und guter Muskulatur. Ihr Schwanz ist lang und dünn. Der stolze, keilförmige Kopf trägt königlich den langen Stammbaum dieser hochwohlgeborenen Tiere zur Schau. Die Ohren sind ziemlich groß und doch von angemessener Proportion und die Augen sind mandelförmig. Das Fell ist kurz und von feiner Beschaffenheit.

Es gibt vier verschiedene Siamkatzen-Arten: Seal Point, Blue Point, Chocolate Point und Lilac Point. Diese Bezeichnungen beziehen sich auf die relativ dunkle Färbung von Gesicht, Ohren, Schwanz und Beinen.

Die Sagen, die sich um die Siamkatzen ranken, erzählen oft von Menschen, deren Seele eine Zeit lang den Körper dieser königlichen Katze bewohnte. Sie steht für Langlebigkeit, aber auch für die Langlebigkeit ihrer Besitzer und Besitzerinnen. Siamesen lassen sich nicht gern herablassend behandeln oder ein Spiel mit sich treiben. Sie sind jedoch gern mit einem oder auch zwei Menschen zusammen. In der langen Geschichte der Siamkatze war sie einst Wächterin der Kinder des Königs von Siam, was die Vielfalt der sprachlichen Ausdrucksweise dieser Katze erklärt. Keine Katze hat mehr zu sagen als die Siamkatze. Wenn man nicht von sich aus mit dieser Katze spricht, wird sie damit anfangen. Unser Siamkater legt sogar seine Pfote auf unsere Lippen, um uns zum Sprechen zu bringen, wenn er denkt, dass wir zu still sind. Er fordert einfach ein, dass wir uns mit ihm unterhalten.

Unser Kater spricht in runden Vokalen. Wenn er allein, gereizt oder unzufrieden ist, gibt er auch ein merkwürdiges Jaulen von sich, aber das ist ihm angeboren. Alle Vertreter und Vertreterinnen dieser Rasse tun das, wenn sie ihren Gefühlen über ihre Familie, ihre Freunde und alles andere, was sie bewegt, zum Ausdruck bringen wollen.

Katzen sind die ursprünglichen Aromatherapeutinnen der Tierwelt. Die Aromatherapie ist eine uralte Heilform, die aus Asien stammt, dem Kontinent der Siamkatzen. Die Geisterfahrung eines Ortes, an dem wir Menschen ein Gefühl tiefer Ruhe erfahren, kann durch Gerüche noch intensiviert werden. Bestimmte Duftnoten bringen uns zu dem Menschen zurück, der wir eigentlich sind, und führen uns auf diese Weise meditativ zu Wohlbefinden.

Wenn wir, deren Geruchssinn weitaus schwächer ausgeprägt ist als der der Katzen, schon Harmonie in einem bestimmten Duft finden, dann muss die Wertschätzung einer Katze tausend Mal größer sein. Eine Katze lebt ebenso sehr durch ihre Nase wie ein Hund, wenn nicht sogar mehr. Eine Katze nimmt durch die Nase mehr auf als nur den Geruch: Sie absorbiert Stimmung, Zeit, Klima, Energie und Geist. Jede Nuance, die auf dieser Ebene existiert, kann durch die ultrasensitive Nase, den Geschmackssinn, die Gesichtsrezeptoren und die Schnurrhaare einer Katze erfahren werden. Wenn eine Katze all dies »weiß«, dann ist sie zufrieden. Doch bei grundlegenden Veränderungen, wie sie unser Siamkater Moonie erlebe musste, geht dieses Wissen schlagartig verloren.

Die literarische Katze

Britisch Kurzhaar

Das erste literarische Genre, in dem eine Katze auftauchte, war die Fabel. Die berühmteste stammt von Äsop
aus dem sechsten Jahrhundert v. Chr. Irgendwann im vier-
ten vorchristlichen Jahrhundert folgte das so genannte
Bestiarium. Es war die erste Naturgeschichte, die je verfasst wurde. Sie erschien auf Griechisch und später auf
Latein. Auch La Fontaine, der große französische Fabel-
schreiber des 17. Jahrhunderts, war von Katzen fasziniert.
Er setzte ihre Intelligenz höher an als die von Hunden und
vermutete sie beunruhigend nahe an der des Menschen.

Seit dieser Zeit beschäftigen sich Schriftsteller nur zu
gern mit der literarischen Katze. Zahllose Dichter, Drama-

tiker und Phantasten haben ihren Füllfederhalter an der widersprüchlichen Natur der Katze aufgerieben. Heute ist die Schriftstellerkatze eine ebenso eigenständige Rasse, wie die literarische Katze ein eigenes weichpfotiges Motiv ist. Beide werden bisweilen etwas überstrapaziert, aber Schriftsteller schreiben zweifelsohne großartige Bücher über großartige Katzen.

Ernest Hemingway beschäftigte sich regelmäßig schriftstellerisch mit seinen Katzen und auf Kuba stieg die Anzahl seiner Katzen beinahe auf zwanzig an.

Heute wohnen im *Hemingway House Museum* in Key West fünfzig Katzen, die unter Polydaktylie leiden: Diese Katzen haben ein Zehenglied zu viel an ihren Pfoten. Doch kein Ortsansässiger spricht von Polydaktylie: Man nennt sie einfach die *Conch Cats*, Florida-typische Katzen. Angeblich betrachteten Seeleute in der Neuen Welt Katzen mit sechs Zehen als Glücksbringer. Hemingway erhielt in den Dreißigern eine solche Katze von einem Schiffskapitän und einige der Museumskatzen sind laut den Direktoren direkte Nachfahren dieser ersten Katze.

Hemingway liebte Katzen, und zwar alle Rassen. Er nannte sie *Cotsies* und in einem seiner Briefe an Charles Scribner Senior schrieb er: »Hunde sind die Trümpfe, aber Katzen sind das bessere Blatt.«

Der Kater Boise war Hemingways bester Freund auf Kuba. Er taucht in dem Roman *Inseln im Strom* auf. Dieser große, geschmeidige Kater hatte für andere seiner Art nichts übrig, er tolerierte kaum seinen eigenen Sohn Goats. Das Einzige, was er nicht mit Hudson (Hemingways Alter ego im Buch) teilt, ist die Gewohnheit, mal ein Glas zu viel zu trinken. Er aß sogar mit ihm: »Er aß alles, was der Mann aß, besonders Sachen, die Katzen sonst nicht anrühren.« Dazu gehörten auch eisgekühlte Mangoscheiben, die sie zum Frühstück zu sich nahmen. Zum Abendessen gab es Aguacate-Hälften oder Avocadobirnen, deren Kerngehäuse mit Öl und Essig gefüllt waren.

Eines Abends sieht Boise, wie Hudson mit Boises Sohn Goats spazieren geht. Boise findet das gar nicht lustig. Er straft Hudson und Goats unter den dunkelgrünen Blättern mit einem eisigen Blick.

Hemingway schreibt über Goats, er sei ein breitschultriger schwarzer Kater, der einen Stiernacken hatte, ein breites Gesicht, riesige Barthaare und der ein großer, großer Kämpfer war. Außerdem besaß er anscheinend ein besonderes Gefühl für die menschliche Sprache. So war Medizin ein Zauberwort für Goats. Sobald er es hörte, legte er sich auf die Seite und wollte gestreichelt werden.

Hierzu gibt es auch eine Geschichte. Hudson hatte eines Morgens einen Kater. Schuld waren die tödlichen doppelten Daiquiris, die im *Floridita* in Havanna serviert wurden. Goats half ihm, die große, doppelte Seconal-Kapsel unter dem Bett zu finden – und seit dieser Zeit teilte der Kater »mit dem breiten Kopf eines Löwen und genauso unbesiegt« viele Augenblicke mit Hudson, ohne die Allgegenwart des auserwählten Boise. Die Auffindung der Medizin wurde sein Part und hatte eine große Bedeutung. Wann immer Hudson dieses Wort sagte, schnurrte Goats laut in süßer Erinnerung. Er liebte dieses Wort, denn es repräsentierte für ihn das Menschenleben, an dem er teilhatte.

Aber wenn das Medizin-Ritual auch ausschließlich Goats gehörte, so fiel doch alles andere in die Domäne des schwarzmaskigen Boise. In einem Interview mit Lillian Ross sagte Hemingway einmal über diesen Kater:

»Ich besitze einen Kater namens Boise, der eigentlich ein Mensch sein will. (...) Boise isst alles, was Menschen essen. Er schluckt Vitamin-B-Kapseln, die so bitter wie Aloe sind. Er denkt, ich enthalte ihm etwas vor, weil ich ihm keine Blutdrucktabletten gebe und weil ich ihn ohne Seconal zu Bett schicke.« Ernest Hemingway ist als der Schriftsteller unter den Schriftstellern bekannt. Wenn er in einen Raum kam, besaß er die Macht, ihm allen Sauerstoff zu entziehen. Er war oft gewalttätig, übellaunig und immer konkurrenzsüchtig. Die weichere Seite von Hemingway, sagen die Leute, die ihn kannten, trat nur dann zutage, wenn er mit seinen Katzen zusammen war. Einmal sah er auf dem Central Highway eine Katze, die von einem Wagen erfasst worden war. Die Katze, frisch überfahren und mausetot, sah genau wie seine Katze Boy aus. Der Rücken des Tieres war schwarz, Hals, Brust und Vorderbeine weiß und es trug eine schwarze Maske im Gesicht. Hemingway wusste, dass es nicht Boy sein konnte, denn bis zur Farm waren es mindestens sechs Meilen. Doch es machte ihn ganz krank. Also hielt er den Wagen an und ging zurück, hob das Tier auf, um sicherzugehen, dass es sich wirklich nicht um Boy handeln konnte, und legte den Leichnam an den Straßenrand, damit kein weiteres Auto ihn überrollen konnte. Die Katze wirkte gepflegt, daher wusste er, dass sie jemandem gehören musste. Er legte die Katze nur deshalb an den Straßenrand, damit seine Besitzer ihn finden konnten und sich nicht ewig Sorgen machen mussten. Ansonsten hätte er die Katze in den Wagen geladen und sie auf der Farm beerdigt.

Hemingway war nur einer von vielen Schriftstellern des 20. Jahrhunderts, die ihr ganzes Leben mit Katzen verbrachten. Colette, die französische Romanschriftstellerin, schrieb ein Buch über ihre Katze und posierte auf dem Cover selbst als Katze. Viele Schriftstellerinnen haben die

Schnurrhaare der Katze in die Welt des Romans einge-
bracht.

Kleine Katzenkunde

Der Beschreibung nach handelte es sich bei Boise um eine
Britisch Kurzhaar oder eine Amerikanische Kurzhaar. Der
Kopf ist breit mit stark ausgeprägten Wangen und einer
relativ kurzen Nase. Die Ohren sind mittelgroß, an den
Spitzen abgerundet und die Augen liegen weit auseinander. Diese Katze haben wir alle schon einmal gesehen. Sie
kann ziemlich groß werden (wie im Fall von Goats), aber
für gewöhnlich ist sie von kleinerer Statur (wie im Fall von
Boise).

Das Fell ist kräftig, dicht und im Allgemeinen länger als
bei anderen Vertretern der Kurzhaarfamilie.

Die Britisch Kurzhaar ist dermaßen selbstgenügsam,
dass sie bisweilen absolut reserviert erscheinen kann. Sie
ist eine hervorragende Jägerin und verhält sich auch so –
sie ist am liebsten im Freien und auf Beutezug. Diese Katze braucht Auslauf und fühlt sich wie ein guter Jagdhund
immer nur einem einzigen Menschen loyal ergeben.

Es gibt viele Gründe, warum Katzen in unserer Literatur
so zahlreich vertreten sind. Saki, Kipling, Baudelaire, Poe
– viele männliche Autoren sind den katzenhaften Attributen erlegen. Die Antwort findet sich zweifelsohne in der
Tatsache, dass gerade männliche Schriftsteller die gütige
Anima der Katze brauchen, um sich die Welt zu erklären.
Der Gestiefelte Kater befreit seinen hoffnungslosen Meister aus seinen geistigen Fesseln, indem er ihn lehrt, die
Welt mit dem listigen Auge einer Katze zu sehen. Psycho-
logen kommentieren das damit, dass Männer häufig Kat-

zen deshalb so faszinierend finden, weil sie eine innere Weisheit besitzen, sprich die Erkenntnisfähigkeit der Frauen. Aus eben diesen Gründen fürchten sich Männer jedoch auch oft vor Katzen.

Was immer die Menschen von ihrer eigenen Fähigkeit zu überleben halten, die Katze kann es besser und praktiziert es schon viel länger. Wahrscheinlich wird es nach der Apokalypse immer noch Katzen geben.

Die Waschbär-Katze

Maine Coon

Von allen Tieren, die aus der Wildnis kamen und gezähmt wurden, hat kein Wesen mehr Widerstand geleistet als die Katze. Richtig oder falsch?

Wenn das stimmt, dann ist die Katze in unseren vier Wänden immer noch eine Außenseiterin. Wenn das nicht stimmt, dann verdient die arme verleumdete Katze eine Entschuldigung. Der Punkt ist der, dass ein wilder, ursprünglicher Teil in uns Menschen ständig einen Hauch von Wildnis in seinem Haus, seiner Wohnung zu brauchen scheint.

Und die Katze ist sich, anmaßend und rücksichtslos, nicht zu schade, uns an unsere eigenen einfachen Ursprün-

69

ge zu erinnern. Wie passt diese Anthropologie zu der Mythologie der Katzen? Es ist mehr als wahrscheinlich, dass sie unsere Faszination, unsere Leidenschaft für Katzen erklärt. Insbesondere für jene, die Leoparden ähneln, wie die gefleckte Ocicat oder die Maine Coon, von der die Legende behauptet, dass sie zum Teil Waschbär und zum Teil Luchs sei.

Von der Waschbärkatze wissen wir nur mit Sicherheit, dass sie die erste langhaarige Rasse ist, die sich auf natürliche Weise in Nordamerika fortgepflanzt hat. Diese Katzenrasse basiert auf einer stammbaumlosen Gruppe von Perserkatzen, deren Ursprünge man der Legende nach bis ins 18. Jahrhundert zurückverfolgen kann. See- und Handelsreisende, die vom türkischen Ankara zu den Häfen von Neuengland zurückkehrten, brachten die Vorfahren der Maine Coon als Kuriosum und Schoßtier für ihre Ehefrauen mit. Die Legende besagt, dass einige dieser Katzen in die Pinienwälder flüchteten, vor allem in Maine und insbesondere auf den vorgelagerten Inseln: Dort paarten sie sich mit wilden Waschbären. Die Einwohner von Maine behaupten, dass die Wildheit, der geringelte Schwanz und die Größe der Maine Coon Beweis für die Richtigkeit dieser Geschiche seien. Doch obwohl diese Legende durchaus ihren Reiz hat, ist sie wissenschaftlich nicht im Geringsten haltbar.

Einige Maine-Coon-Katzen gingen jedoch in den oberen Abschnitten der Penobscot Bay verloren und es gibt hinreichend Beweise dafür, dass dort in den letzten 50 Jahren noch die ursprüngliche Art der Maine-Coon-Katzen gelebt hat.

Die Waschbär-Katzen gibt es in über 60 verschiedenen Farben und Zeichnungen. Sie sind für gewöhnlich sehr groß – Kater können bis zu 18 Pfund wiegen – und sie besitzen dichte Deckhaare, die dem feuchten Winterklima angepasst sind.

Obwohl die normale Maine Coon freundlich und ausgeglichen ist, will es die Legende auf den Inseln, dass diese Katze ein feuriger Individualist ist und sich ziemlich ungesellig verhält. Ein Beispiel für diese alte Legende findet sich in *Meine Reise mit Charley* von John Steinbeck.

»George ist eine alte graue Katze, in der sich ein solcher Hass auf Menschen und andere Lebewesen angesammelt hat, dass man selbst dann, wenn er sich im oberen Stock versteckt, seine Beschwörungen fühlt, man möge gehen. (…) Man erzählte mir, George gehe in den Wald, wenn Gäste im Haus schlafen, beobachte alles aus der Ferne und schütte seine Unzufriedenheit und Antipathie über die Welt aus. Miss Brace gibt zu, dass George als Katze wertlos ist. Er ist kein guter Gesellschafter, er ist nicht mitfühlend und er hat wenig ästhetische Reize.«

Auf dieser Grundlage fuhren wir von New Jersey zur Deer Isle in Maine, wo Steinbeck George kennen gelernt hatte. Wir waren nicht auf der Suche nach der realen Katze, sondern nach einem greifbaren Mythos. Und wir haben ihn gefunden. Den Katzen dort ging es gut, sie wurden sorgfältig von den Inselbewohnern gehegt. Kein Außenstehender durfte sie kaufen, zumindest nicht im Jahr 1963. Sie gehörten außerdem nicht, wie Steinbeck an anderer Stelle seiner Erzählung behauptet, zu der schwanzlosen Manx-Variante, sondern besaßen einen recht vollen, flauschigen Schwanz. Die Maine Coon-Katzen, die wir auf Deer Isle entdeckten, hatte beinahe die Größe eines Rotluchses und sie konnten aus dem Stand beeindruckende eineinhalb Meter hoch springen. Außerdem besaß die ursprüngliche Linie laut der Inselbewohnerin, bei der wir wohnten, normalerweise sieben Zehen.

Keines dieser legendären Merkmale wird in den Zuchtbüchern erwähnt. Weder die Schwanzlosigkeit noch die Menschenfeindlichkeit oder die wilden, unzähmbaren Eigenschaften, von denen Steinbeck spricht. In Wahrheit ist all das Teil der Legende und das verwundert auch nicht, wenn man bedenkt, dass John Steinbeck einer der größten Erzähler Amerikas war.

So konnten wir feststellen, dass sich die Maine Coon für die Legendenbildung überaus gut eignet. Mit ihren büscheligen Ohren und den weit auseinander liegenden Augen erschien uns die Katze, die bei uns wohnte, nichts weniger als mystisch. Ihr Name war Mitzi und sie besaß die Neugier eines Waschbärs und die Wildheit eines Luchses. Sie hatte tatsächlich sieben Zehen und mit ihren schneeschuhförmigen Pfoten waren ihre Schritte alles andere als leise. Darüber hinaus fanden sich in Mitzis Verhalten noch andere Anklänge an die Wildnis. Sie hielt ihr Fressen gern in den Pfoten, ganz so wie ein Waschbär, und sie fürchtete sich nicht vor Wasser. Während der Wintermonate spazierte sie auf dem festen Schnee und es verstrich keine Nacht, in der diese Katze nicht auf die Jagd ging, hinaus in die dornigen Balsampappelwälder, die das Anwesen umgaben.

Alles in allem ist die Maine Coon eine facettenreiche Katze, eine außergewöhnliche Schönheit, deren Geheimnishaftigkeit eine gewaltige Anzahl an Mythen und Legenden hervorgebracht hat.

An dem Tag als wir Deer Isle verließen, schenkte uns unsere Gastgeberin einen Korb, in dem sich der flauschige Ball eines kleinen Kätzchens befand – eine reinrassige Maine Coon. »Diese Rasse wird an Leute, die nicht von der Insel stammen, eigentlich weder verkauft noch verschenkt«, erklärte unsere Gastgeberin. Dann fügte sie hinzu: »Bitte passen Sie gut auf sie auf.«

Das haben wir getan. Doch nach einer Weile suchte sich unsere Maine Coon, die einen unabhängigen Willen besaß, eine andere Besitzerin.

Wir konnten nichts daran ändern. Tatty, wie wir sie genannt hatten, suchte sich unsere Freundin Mimi als Beschützerin und Freundin aus und das war's dann. Die beiden lebten über 15 Jahre lang glücklich zusammen. Hier ein Gedicht, das Mimi für ihre Lieblingskatze Tatty verfasst hat.

Die Maine Coon von Deer Isle

Sie hat große Lampenaugen, grün und manchmal golden
und ihr Fell scheint alle kalten Winterwinde abzuhalten,
wenn sie von draußen kommt.
Sie steht auf ihren Hinterpfoten, aufrecht wie ein kleiner Mensch,
vergessend, wie wir glauben, dass sie
so nicht laufen kann, wenn sie es auch versucht.
Ein Schritt, dann zwei, dann maunzt frustriert sie auf
und steuert wieder auf vier Pfoten durch den Raum,
suchend, bis sie auf ihrer Suche resigniert.
Dann will sie nur noch Ruhe, kringelt sich
so rund in einen einz'gen Strahl der Wintersonne,
man könnte fast glauben, sie hätte ihn
bei einem Sonnenwettbewerb gewonnen,
wie sie ihn schätzt,
sich in ihn kuschelt.

Wir glauben, das ist ihr Insel-Ich.
Es zeigt sich, wenn sie mit Urwissen
in ihrem vollkommenen Quadrat aus Sonnenlicht
ruht.
Nun, es ist ein Geheimnis,
ihre Geschichte
und ihr ganzes mysteriöses Sein –
sehen heißt glauben: diese Katze ist aus andrem Holz
geschnitzt
und frisst lieber Minzeblätter, als eine Motte zu fangen.

Kleine Katzenkunde

Die Maine Coon ist eine langhaarige amerikanische Katze, die von einer Perser-Art aus dem 19. Jahrhundert abstammt. Sie besitzt einen langen Schwanz, große Pfoten und zeichnet sich durch eine reiche Farbgebung aus. Sie ist von breitköpfiger, großäugiger Schönheit und ihr überaus ernstes Gesicht ähnelt sehr dem eines Luchses.

Maine-Coon-Katzen schätzen es normalerweise gar nicht, keinen Auslauf zu haben. Die Zuchtbücher lassen sich häufig über die Tatsache aus, dass die Maine Coon in den merkwürdigsten Positionen schläft und an Orten, die alles andere als bequem aussehen. Es heißt, das reiche zurück bis zu den Tagen der Segler und den verdreckten und beengten Schlafplätzen unter Deck. Aber wieder einmal klingt das eher nach Legende als nach Wahrheit. Aber möglicherweise hat die Maine Coon in den letzten eineinhalb Jahrhunderten wirklich das wilde Leben kennen gelernt und es könnte sich tatsächlich um eine erst kürzlich domestizierte Katze handeln.

Die Eleganz der Maine Coon lässt sich unmöglich übersehen. Ihre Unabhängigkeit mag aus ihren Tagen in der Wildnis stammen, aber ihre Noblesse oblige stammt eindeutig aus den Salons.

Der unerhörteste Mythos dieser Rasse ist der ihrer angeblichen Kreuzung mit dem Luchs des Nordens oder dem Waschbär des Nordostens. Das ist biologisch völlig ausgeschlossen. Und doch lässt sich leicht nachvollziehen, wie diese alte Verbindung zwischen Katze und Waschbär ihren Anfang genommen hat, teilen doch letztere den glücklichen Familienstammbaum mit den Katzen.

Die Maine Coon ist eine der wenigen amerikanischen Züchtungen. Es gibt nur ungefähr 24 Züchtungen, die in Nordamerika ihren Ursprung haben. Doch um die Jahrhundertwende geriet die Rasse 50 Jahre lang in Vergessenheit, waren doch die Perserkatzen und andere langhaarige Züchtungen weitaus beliebter.

Als Amerikanerin wurde die Maine Coon mit einigen schmeichelhaften und einigen weniger positiven Legenden belegt. Wir schaffen in Amerika gern Raum für Mythen: Wir lieben die Größten, die Längsten, die Niedrigsten, die Kleinsten und die Lautesten. Wir klammern uns an alles, das viel mehr oder viel weniger zu sein scheint, als es in Wirklichkeit ist. Patricia Dale-Green, die Autorin von *The Cult of the Cat*, ist der Meinung, dass sich Folklore, Mythos, Legende und Märchen nicht auf äußere, sondern auf innere Zustände und das auf einer tieferen Ebene der menschlichen Erfahrung beziehen. Sie erzählen nicht von Zielen, sondern von medialen Ereignissen, und obwohl solche Überzeugungen hinsichtlich des Tieres nicht der Wahrheit entsprechen mögen, sind sie zweifelsohne korrekt hinsichtlich der Beschreibung dessen, was die Katze den Menschen bedeutete und heute noch immer bedeutet.

Der Wildkatzenruf der Maine Coon hat zu der Beliebtheit dieser Rasse, die bei der Veröffentlichung von *Meine Reise mit Charley* noch völlig unbekannt war, beigetragen. Die Züchter suchten etwas Amerikanisches, etwas Eigentümliches, etwas wie aus dem Märchen.

Als wir Anfang der Sechzigerjahre Deer Isle einen Besuch abstatteten, konnten uns nur wenige Menschen etwas über die Maine Coon erzählen. Heute gehört sie zu den mit Abstand beliebtesten Katzen.

Die Eulenkatze

Cymric

Der Ulkdichter Edward Lears aus dem 19. Jahrhundert hatte möglicherweise nur ein Wortspiel im Sinn, als er sein Gedicht über die Hochzeit von Katze und Eule verfasste. Aber in Wirklichkeit knüpfte er damit an einen alten griechisch-römischen Mythos an, laut dem sich Athene in eine Eule verwandelt und Diana in eine Katze. Die beiden Tiere besitzen in der Tat einige Ähnlichkeit, von ihren körperlichen Merkmalen einmal abgesehen. Sie sind beide nachtaktiv und haben daher im Vergleich zur Kopfgröße die größten Augen im Tierreich. Katzen und Eulen haben zudem beide Klauen, wirksame Waffen bei der stummen Jagd.

Einige Stämme der amerikanischen Ureinwohner nannten die Eule die »fliegende Katze« und die ersten Europäer, die nach Amerika kamen, bezeichneten die Höhleneule als »die geflügelte Katze«.

Fred Gettings, Autor von *The Secret Lore of Cats*, erklärt die Verbindung zwischen Katzen und Eulen. Als er zum ersten Mal von der Pallas-Katze hörte, glaubte er, in ihr einen noch unerforschten Zugang zur Mythologie gefunden zu haben, denn Pallas war einer der Titel der Athene, eingebunden in die uralte Mysterienweisheit. Doch leider besitzt der Name keine geheimnisvollen Assoziationen, denn er stammt von Peter Simon Pallas, dem deutschen Naturalisten aus dem 18. Jahrhundert, der das Tier in Russland entdeckt hatte. Die Magie des Namens bleibt jedoch unbestritten, denn die Augen der Manul (wie diese Katze auch manchmal genannt wird) sind groß und besitzen jenes nach außen gerichtete, blinzellose Starren, das man mit Eulen in Verbindung bringt. Wenn man sie von vorn ansieht, dann drängt sich einem das Bild einer Eule mit langen Beinen auf.

Der Punkt ist der, dass eines der Begleittiere der Pallas Athene eine Eule war, die später das Symbol für die Stadt wurde, der die Göttin ihren Namen gab. Die Frage, die sich Gettings stellte, war also: Haben Namen ein Schicksal? Suchen sich Namen die Wesen aus, die sie benennen, und nicht die Wesen die Namen?

Auch Edward Lears hat über die Eule und die Katze geschrieben und mit seinem Gedicht *The Owl and the Pussy-Cat* sehr viel mehr zum Ausdruck gebracht, als er wahrscheinlich wusste. Man denke nur an die Motive, die dieses Gedicht heraufbeschwört – die Eule, die Katze, das Wasser und den Mond. Diese Archetypen erinnern an die heute verlorenen Traditionen unserer bäuerlichen Vorfahren, deren Bittgebete des Tags und des Nachts allem galten, was Pflanzen wachsen ließ.

Lears muss sich eigentlich dieser Fakten bewusst gewesen sein, denn sein Gedicht ist intelligent, scharfsinnig und voller erdverbundener Weisheit. Es ist außerdem ein Zeugnis für die Kraft der Mythen.

Kennen Sie den Inhalt des Gedichts? Die Eule und die Schoßkatze brennen in einem erbsengrünen Boot miteinander durch, um im Licht des Mondes zu heiraten. In der Mythologie ist das Boot ein Symbol für Einheit und Fruchtbarkeit. Darüber hinaus erinnern die beiden Tiere, die im Licht des Mondes im Sand tanzen, an die herrlichen Dionysos-Feste des antiken Griechenlands. Der Dichter und Mythologe Robert Graves erklärt, dass auch der Hochzeitsring in dem Gedicht ein Symbol aus der Antike darstellt. Er verweist auf den Nasenring eines Schweines, unserer ältesten Metapher für Erdverbundenheit.

Doch weiter mit der Geschichte: Als die Eule und die Katze vermählt werden sollen, taucht ein Truthahn auf, der die Zeremonie durchführt. Truthähne galten in heidnischer Zeit als Symbol für Ernte und Festlichkeiten. Bei den amerikanischen Ureinwohnern wurden sie in höchsten Ehren gehalten, häufig als Haustiere zu sich genommen und selten verzehrt. Alles in allem ist der Truthahn für die amerikanischen Indianer ein Symbol des Stolzes, des guten Willens, des Schicksals und des Überlebens. Dieselben Eigenschaften wurden diesem großen Laufvogel von unseren europäischen Ahnen zugeschrieben.

In Lears' meisterhaftem Gedicht gibt es noch andere Erntemotive. Wenn sich die Katze und die Eule vermählen, so ehren sie damit in Wirklichkeit die Sonne und den Mond. Anders ausgedrückt: Solange diese beiden nächtlichen Jäger vereint sind, werden wir auch weiterhin den

Wechsel von Tag und Nacht haben. In der ägyptischen Kosmologie steht die Katze für die Sonne und die Eule für die Nacht. Zusammen herrschen sie unangefochten.

Edward Lears nahm seine eigene Katze als Modell. Sein bester Freund war nämlich ein stummelschwänziger Kater, dessen Porträt unter einigen von Lears' besten Zeichnungen zu finden ist. Mit seinem abgekürzten Schwanz und dem runden Kopf sieht Edward Lears' Kater Foss genauso aus wie eine gerissene alte Eule.

Kleine Katzenkunde

Die Cymric (Kim-rick), auch kymrische Katze genannt, ist eine weitere stummelschwänzige Züchtung. Sie erhielt ihren Namen auf der Isle of Man, einer Insel, die in der Mitte zwischen Irland und Wales liegt und die Heimat der Manx-Katze ist. Das keltische Wort für »walisisch« lautet Cymric, daher der ungewöhnlich klingende Name. Die Cymric unterscheidet sich von ihrer Cousine, der Manx, durch das lange Fell. Dieses stammt nicht aus der Einkreuzung von Perserkatzen, wie die Züchter gern behaupten, sondern ausschließlich aus der ursprünglichen Manx-Zucht. Die Deckhaare der Cymric sind mittellang, glatt und funkelnd, aber sie besitzt auch dichte Unterhaare. Diese Katze gibt es in allen Farben.

Foss, der Kater von Edward Lears, könnte entweder eine Manx oder eine Cymric gewesen sein, obwohl sein Schwanz eigentlich zu lang ist – ungefähr sieben Zentimeter, wie sich aus den Zeichnungen schließen lässt. Möglicherweise war er einst eine langschwänzige Katze, die durch unglückselige Umstände ihren Schwanz verloren hat. Vielleicht aber handelte es sich bei ihr auch um eine

Mischung aus diesen beiden Züchtungen. Die Zeichnung ist wohl das berühmteste Katzenmotiv aus dem 19. Jahrhundert. Sie ist nicht sehr genau, zeigt aber, dass der Illustrator eine außergewöhnliche Vorstellungskraft besaß und zweifellos auch eine außergewöhnliche Katze. Die Zeichnung der Katze in Lears' Gedicht über Foss stellt ganz sicher eine reinrassige Tabby dar. Lears hat sie sicher unter anderem deshalb ausgewählt, weil dicke Tabbys sehr eulenhaft aussehen.

Im Laufe der Jahrhunderte scheinen Eulen und Katzen gleichermaßen als verwandte Motive behandelt worden zu sein. Beide sind zum Beispiel in die Sage des geheimnisvollen Arztes eingebunden, der zu einem Teil Heiler und zu zwei Teilen Geisterbeschwörer war. Der Zauber der Katzen und die Rufe der Eulen tauchen beide in Shakespeares Stücken auf. In der westlichen Literatur sind Katzen die Freunde des Herzens und Eulen die Repräsentanten des Verstands. Diese Zweiteilung verweist wieder einmal auf Ra und Apep. Im Märchen hingegen gelten Eulen als böses Vorzeichen. Wenn die Eule ruft, dann zieht die Seele von dannen. Häufig kommt an dieser Stelle die Katze ins Bild, die als Vermittlerin zwischen Leben und Tod agiert.

Wenn Sie sich je gefragt haben, ob sich Katzen und Eulen wirklich ähnlich sind, so kann William Service, Autor des Buches *Owl*, das eindeutig bejahen. Er besaß einst eine zahme Zwergohreule und einen Kater namens Claggart. Die beiden definierten in den ersten Stunden ihrer Bekanntschaft schon die Parameter ihrer Beziehung, die bis heute Gültigkeit haben: leichte Aversion und ansonsten Gleichgültigkeit. Zudem hatten beide dieses instinktive Flackern von den Augen zu den Muskeln, von den Muskeln zu den Klauen, von den Augen zu den Drüsen und zurück zu den Augen oder wie auch immer. Es ist so, als ob sich zwei rivalisierende Banden zwar auf einen Waffenstillstand geeinigt, aber die Schützen immer noch einen zittrigen Abzugsfinger haben.

Nicht gerade die beste Voraussetzung für das, was man eine vorteilhafte Ehe zwischen einer weisen Eule und einer dickbäuchigen Katze nennen würde. Aber vielleicht ist es nur eine Frage der richtigen Menge an Magie.

Die Mäuseloch-Katze

Bicolor Britisch Kurzhaar

Zu allen Zeiten waren Katzen sowohl selbst Diebe als auch Jäger von Dieben. Eine der ältesten und beliebtesten Sagen ist daher diejenige der Mäuseloch-Katze. In England nennt man sie *Mowzall*. Bei dieser Legende geht es um das uralte Katz-und-Maus-Paradigma. Stellen Sie sich eine Katze vor, die mit übereinander geschlagenen Pfoten vor einem Mäuseloch liegt und es fixiert. Die Katze kann dort wie versteinert den ganzen Tag lang ausharren. Für eine ruhende Katze spielt Zeit keine Rolle und eine noch geringere Rolle spielt die Zeit für eine Katze, die vor einem Mäuseloch ruht.

Das Sanskrit-Wort *Naktacarin* bezeichnet sowohl eine

Katze als auch einen Dieb. Der Mythologe M. Oldfield Howey schreibt über die grundlegende Dynamik der Fixiergewohnheit der Katzen. Dieses Tier sei nicht nur wie der Dieb in der Nacht, verborgen in der Dunkelheit. Die Katze sei zugleich auch die Gefahr für alle Diebe, die Repräsentantin der Sonnen- und der Mondaugen der Gottheit, die Offenlegerin, die nackte Wahrheit, die sich jeder Verhüllung entblößt hat, die unausweichliche Widersacherin aller, die in der Dunkelheit schreiten.

Die Dualität der Katze hängt auch von der jeweiligen Kultur ab. So ist die Katze beispielsweise in manchen Ländern eine Überbringerin des Guten und Fängerin des Bösen, in anderen dagegen bringt sie das Böse und fängt das Gute. In der westlichen Welt hat die Katze beide Rollen erfolgreich gespielt. Roger Caras erklärt in seinem Buch *A Celebration of Cats,* dass der schlechte Ruf der Katze auf Buddha und das antike Griechenland zurückzuführen ist.

Denn als Buddha einmal erkrankte, sollte ihm die Medizin von einer Ratte gebracht werden, manche sagen, von einer Maus. Wie auch immer, der kleine Nager wurde unterwegs von einer Katze gefangen und getötet. So führte also die natürliche Veranlagung der Katze, für die sie normalerweise gelobt wird, in diesem Fall zu einem unglückseligen Ergebnis. Aus diesem Grund war die Katze das einzige Tier, das nicht zu Buddhas Beerdigung eingeladen wurde.

Indem die Katze eine gute Ratte tötete, handelte sie sich einen schlechten Ruf ein. Das Töten von Ratten und Mäusen ist daher laut Roger Caras eine relative Angelegenheit – natürlich nur kulturell gesehen. Die Priester des griechischen Sonnengottes Apollo zum Beispiel hielten sich weiße Mäuse als heilige Tiere. Man darf also davon ausgehen, dass Katzen nicht gerade zu ihren Lieblingstieren gehörten.

In bestimmten Gebieten des Römischen Reiches hielt man eine Katze, die einen Vogel tötete, für das weibliche Element des Lebens, welches das männliche Element der Spiritualität angreift. Katzen wurden oft in den Kampf der Geschlechter miteinbezogen. Sie sind eine Kombination aus Wahnsinn und Mythos. Natürlich *unser* Wahnsinn, *unser* Mythos. Und wo bleibt da die arme Katze? Als Erben der Vergangenheit haben wir die Pflicht, die guten Legenden von den schlechten zu trennen. Wir fragen uns, ob wir uns vielleicht irgendwann in der Zukunft endlich von unserer Boshaftigkeit lossagen können, von unserem finsteren Grübeln über die arme Familie der Felidae.

Im Grunde wird uns das neolithische Dilemma von Liebe und Hass, Angst und Vertrauen, Dunkelheit und Licht immer begleiten, denn das sind die wichtigsten Facetten der menschlichen Vorstellungskraft – und sie werden es immer bleiben.

Das Thema der Mäuseloch-Katze steht in der Mythologie allein auf weiter Flur, außer man vergleicht es mit der Legende von der Katze und der Schlange, einem ähnlich gelagerten Motiv. Die Grundaussage lautet schlicht und einfach, dass wir zwei Persönlichkeiten besitzen, die einander zuwiderlaufen. Beide liegen in dem ewigen Kampf, einander überwinden zu müssen. Im Grunde ist es nichts anderes als der endlose Streit zwischen den Zeichentrickfiguren *Tom und Jerry*.

Eigentlich ist die Katze weder gut noch schlecht, ein Tier, das von sich selbst besessen und daher von Menschen nicht so leicht zu kontrollieren ist. Manchmal führen die Unvorhersehbarkeit und mangelnde Kontrolle zum Besten, manchmal zum Schlimmsten.

In den Texten von Pulitzer-Preisträger und Theaterautor William Saroyan, von Michael Marseglia und der Kinderbuchautorin Antonia Barber lernen wir die Mäuseloch-Katze als Mörderin, Essayistin, Freundin, Närrin und als mythologische Naturgewalt kennen.

Zuerst William Saroyan über die Katze als Mörderin:

»Sie war eine hervorragende Mäusejägerin, aber wenn Sie jemals beobachtet haben, wie eine Katze mit einer Maus spielt und sie schließlich verspeist, wenn Sie je den stummen Schrecken der winzigen Kreatur sahen und hörten, wie seine kleinen Knochen von den Kiefern der Katze zermalmt wurden, dann könnten Sie wohl durchaus auf Seiten der Maus stehen. Möglicherweise hassen Sie die Katze. Mich zumindest verblüffte es, dass die Katze zu einem solch üblen Trick fähig war. Ich hatte natürlich nie gedacht, dass Katz und Maus nur ein Spiel spielten, ein vollkommen unschuldiges Spiel, das beiden viel Vergnügen schenkte, das absolut natürlich war und für beide eine Art körperliche und spirituelle Gymnastik darstellte (...) Selbstverständlich ist dieser Wettbewerb nicht fair, aber erst, *nachdem* die Maus gefangen wurde. Und eine kluge Maus lässt sich nicht fangen.«

William Saroyan benennt den Kern dessen, was die meisten von uns, die wir auf der Seite des winzigen Mäuschens stehen, in dem Katz-und-Maus-Paradigma übersehen. Um zu gewinnen, darf sich die Maus nicht fangen lassen, doch um erfolgreich zu sein, muss die Katze die Maus fangen. Daher sind die beiden ständig im Widerstreit und müssen gemäß ihrer Natur handeln.

Michael Marseglia schreibt über die Katze als Freundin und Närrin:

»Vor einiger Zeit wurden wir mit zwei Katzen gesegnet. Beide kamen uneingeladen in unser Haus und ließen sich dort nieder. Wir bestritten zwar unseren Lebensunterhalt damit, Vögel zu züchten, aber da keine der beiden Katzen den Inhalt der Käfige oder Volieren als Beute zu betrachten schien, durften sie bei uns bleiben. Eigentlich lebten sie draußen, aber wir erlaubten ihnen, das Haus nach Wunsch zu betreten und zu verlassen. Eines Morgens wachte ich in aller Frühe auf, als es noch dunkel war. Ich öffnete die Hintertür.

Sofort eilten die beiden Katzen durch die geöffnete Tür. Eine von ihnen hielt eine Maus zwischen den Zähnen. Die Maus wurde mir zwecks Inspektion vor die Füße gelegt. Natürlich verspürte die Maus kein Bedürfnis danach, betrachtet zu werden, rannte los und versteckte sich unter dem Geschirrschrank. Dort konnten weder die Katzen noch ich sie erreichen, also holte ich einen Schürhaken und einen Besen. Es genügt wohl, wenn ich sage, dass ich zu guter Letzt die Maus durch den Vordereingang hinausjagen konnte.

Dann setzte ich die Katzen vor die Tür und machte es mir im Sessel gemütlich. Kurz darauf waren die Katzen wieder da, nur dass jetzt die zweite Katze vorsichtig eine Maus in ihrem Maul hereintrug. Auch diese wurde mir zu Füßen gelegt und wieder musste ich Schürhaken und Besen besorgen, um der Maus habhaft zu werden. Unvorstellbarerweise kamen die Katzen wenige Minuten später ein drittes Mal – die erste Katze mit einer Maus im Maul – und legten sie wie bereits gewohnt ab. Diesmal sperrte ich die Katzen aus, fing die Maus, ließ sie frei, verriegelte alle Türen und Fenster und entschied, wieder ins Bett zu gehen. Ich war erschöpft von meiner Aktion als bester Mäusejäger im Haus.«

Elizabeth Marshall-Thomas spricht in *The Tribe of the Tiger* von der Beziehung zwischen Mäusen und Menschen. Verdienen sich Katzen ihren Lebensunterhalt, indem sie uns die gefangenen Mäuse zur Gutheißung vorlegen? Oder genießen sie einfach die Jagd? Marshall-Thomas meint, dass die Katze uns weder einen Gefallen erweisen noch uns huldigen will, wenn sie Mäuse in die Wohnung trägt. Vielmehr will sie den Menschen an dem großen Vergnügen der Jagd teilhaben lassen. Dass Michael Marseglia das frühmorgendliche Spiel, das ihm seine beiden Katzen boten, nicht genießen wollte, war für sie undenkbar. Darum stellen ihre wiederholten Bemühungen die Zusicherung dar, dass das Spiel weitergehen wird.

Antonia Barber schreibt über die Katze als Naturphänomen:

»Und so kam es, dass er nicht auf der Hut war, als das kleine Boot seinen Vorstoß in die Freiheit wagte. Durch die Lieblichkeit von Mowzers Serenade eingelullt, hielt der Große-Sturm-Kater in seinem Streifzug inne und zog seine gigantischen Katzenpfoten einen winzigen Augenblick zurück. Rasch schipperte das kleine Boot durch das Mäuseloch und hinaus auf die offene See.

Doch dann spielte der Große-Sturm-Kater mit ihnen, wie eine Katze mit einer Maus spielt. Er ließ sie eine Weile entwischen und sie erkämpften sich ihren Weg zu den Fischgründen. Dann senkte sich seine gigantische Katzenpfote in einem Wirbel aus Schaum und Wasser herab. Aber noch schlug er nicht so zu, dass sie sanken, denn das hätte ihm den Spaß verdorben.«

Der alte Mythos aus Cornwall von der Mäuseloch-Katze, die einem Sturm Einhalt gebietet und die Fische dazu ver-

anlasst, die Bewohner des Dorfes Monschole zu ernäh-
ren, wird von Antonia Barber wunderschön erzählt. Die
Sturmkatzen waren auf den britischen Inseln wohl bekannt und diese Geschichte gibt es dort nicht nur einmal.
Die Seeleute früherer Zeiten glaubten, dass Hexen bisweilen launisch und dann wieder verspielt sein konnten
und dass sie in der Lage waren, das Wetter zu beeinflussen.
Die Hexe, die den Mond verzaubert, findet bei Shake-
speare in *Der Sturm* Erwähnung. In Irland fing man während eines Sturmes die Katzen ein und setzte sie in einen
Kessel. Darin wurden sie so lange festgehalten, bis sie
dafür sorgten, dass sich das Wetter draußen wieder beruhigte. Hexe, Mond und Katze sind ein vertrautes Dreige-
spann. Sie piesackten Seeleute schon zu Zeiten des frühen
Christentums. Zur Verteidigung der Katzen muss man
zugeben, dass es keine Niedertracht in diesem Spiel um
Leben und Tod gibt. Das ist eben unser Schicksal. Und ob
wir Tiere oder Menschen sind, wir leben nur durch die
Gnade der verhüllten Pfote von Mutter Natur. Um ein
armenisches Sprichwort zu zitieren: »Sich das täglich Brot
zu verdienen ist, als ob man einem Tiger das Fressen aus
dem Maul stehlen will.«

Kleine Katzenkunde

Die klassische Mäuseloch-Katze ist nur eine Variante der
Bicolor Britisch Kurzhaar. Ihr Fell ist kurz und dicht, der
Körper kräftig mit großen, runden Pfoten. Auch der
Kopf ist rund und steht in einem angemessenen Verhält-
nis zum Körper. Die Ohren sind mittelgroß und der
Schwanz ist kurz und abgerundet. Die Farben dieser Katze
sind sehr ausgeprägt und gleichmäßig verteilt: Creme und

Weiß, Orange und Weiß, Schwarz und Weiß sowie Blau und Weiß. Die Mäuseloch-Katze ist eine geschickte Mäusejägerin und Fischerin (da sie für und mit Fischern arbeitet) und sie zeigt sich freundlich und jedem Wetter gewachsen.

Der folgende Text der Lehrerin Judie Eidson wurde in Mousehole, Cornwall, in jenem Wirtshaus geschrieben, in dem Dylan Thomas seine Flitterwochen verlebte und wo die Geschichte der Mäuseloch-Katze ihren Ursprung hat. Es sagt eine Menge über den Mythos der mäusebesessenen Katze aus, vermittelt aber auch ein Stück jener Atmosphäre, in der die Mäuseloch-Katze zum Leben erweckt wurde.

»Kleines Mousehole, deine mit Hecken überzogenen, von Kühen bevölkerten, zu den Wolken kletternden Hügel sollten dich ins Meer werfen. Aber dein uralter, von Möwen widerhallender, mit sich sonnenden Katzen durchzogener Hafen schließt dich in fester Umarmung in seine grob behauenen Steine. Ich erwache im Morgenlicht des Hochsommers, an einem ruhigen Morgen an See, und steige die schmalen Stufen hinunter zu der Küche mit den Granitwänden, gemütlich und warm. Hier wurden einst Sardinen getrocknet für kostbares Öl und gesalzen für die Esstische in Italien. Ich frage mich, ob die Familien vor so langer Zeit die Muße fanden, das weiche, versponnene Grün ihrer Gärten zu sehen und die Kühe zu beobachten, die sommerlangsam wiederkäuten. Ich muss an sie denken und höre ihre Stimmen in der Ferne, wie sie Tee trinken und frische kornische Erdbeeren am alten Eichentisch essen. Ich sitze mit Blick auf das Dorf, angeschmiegt an graue Felswände, die von Blumen überrascht wurden. Wie leicht wir die Jahrhunderte streifen, mit so viel Sehnsucht.

Wir lernen, dass dieses Reihenhaus an der Commercial Road in Mousehole einst Teil der großen Sardinenfabriken war. Kleine Mousehole-Katze, die du dein blumiges Fell sonnst, weißt du eigentlich, dass du so literarisch bist wie der wilde walisische Dichter, der an diesem Tisch speiste?«

Die Mäuseloch-Katze stammt aus Ägypten, wo Katzen zuerst als Wächter des Getreides eingesetzt wurden. Unter diesem Aspekt waren Katzen fast immer die Guten, während die Mäuse die Schurken verkörperten. Denken Sie auch an die amerikanischen Ureinwohner, die Indianer, und an jene europäischen Sagen, in denen Mäuse den Mond anknabbern.

Manche Mythen berichten, dass Katzen und Mäuse nichts weiter als abhängige Kreaturen sind, vom Schicksal dazu bestimmt, einander Feind zu sein. Äsop liebte diese Vorstellung und er bediente sich ihrer in seiner Katzenfraugeschichte. Es geht dabei um einen Mann, der sich in eine Katze verliebt. Und obwohl die Göttin der Liebe sie in eine Frau verwandelt, jagt sie beharrlich Mäuse und verspeist sie in ihrer Hochzeitsnacht, denn: einmal Katze, immer Katze.

In einer der bekannten Noah-Geschichten, die in der Weltmythologie weit verbreitet sind, hat der Teufel einen Mäuserich geschaffen, der ein Loch in die Arche knabbern sollte. Nachdem er das getan hatte, sah er sich einer Katze gegenüber, die ihn fraß. Anschließend wurde das Loch mit einem Frosch verstopft.

Eine andere Sage erzählt, wie der heilige Franziskus lernte, geduldig zu sein, während die Mäuse des Teufels an seiner Robe und an seinen Zehennägeln knabberten. Diese Geduld wurde ganz sicher auf eine harte Probe gestellt, als die Mäuse ihn heimsuchten. Aber zu guter Letzt sprang eine Katze aus seinem Ärmel und machte der Sache ein Ende. Angeblich tötete die Katze alle Mäuse bis auf zwei, die in ein Loch schlüpften. Und darum starrt die Katze bis zum heutigen Tag Mäuselöcher an.

Die schwarze Katze

Bombay

Im französischen Midi nennt man die schwarze Katze
Matagot oder »magische Katze«. Jene Familien, die diese
Katze in ihr Haus lassen, erhalten im Gegenzug das
Geschenk des Glücks. Auf der bretonischen Halbinsel im
Nordwesten Frankreichs existierte eine ähnliche Legende
der *Chat d'argent*, der »Geldkatze«. Diese Katze soll an-
geblich neun Besitzern gleichzeitig dienen.

Im Rest der Welt, mit Ausnahme von Südamerika, wird
die schwarze Katze fast ausschließlich als Überbringerin
von Pech verunglimpft, als Omen der dunklen Seite.

In Irland, das schon immer eine Schatztruhe an Sagen
und Legenden war, wurde die schwarze Katze als Gehilfin

93

von Heilern und gleichzeitig als Vertraute der Hexen betrachtet. Das zeigt wieder einmal den heidnischen Einfluss von Sonnen- und Mondzyklen auf die menschliche Psyche.

Der irische Lyriker W. B. Yeats liebte es, die Haselnusswälder auf der Suche nach schwarzen Katzen und Geschichten über diese zu durchstreifen. Wenn er eine solche Katze fand, wusste er, dass eine Meisterin oder ein Meister uralter Heilkunde nicht weit entfernt sein konnte. Ein Greis, den Yeats befragte, lebte in einem verzauberten Wald, dem Land der keltischen Dämmerung. Er hatte den wundersamen Igel namens *Grainne Oge* gesehen. Das war eine merkwürdige Kreatur, die reifes Fallobst einsammelte, indem sie die Früchte auf ihrem Rücken aufspießte und dann mit einem Apfel auf jedem Stachel davonmarschierte.

Der alte Mann wusste um die keltischen Katzen, die mit Magie befähigt geboren wurden. Yeats glaubte zudem, dass die Katzen, von denen viele in den Wäldern lebten, eine eigene Sprache hatten, und zwar dass sie eine Art altes Irisch sprachen. Der Geschichtenerzähler berichtete ihm, dass Katzen ursprünglich Schlangen waren. Diese wurden während einer Zeit großer Veränderung in Katzen verwandelt. Aus diesem Grund sind sie so schwer zu töten und darum ist es so gefährlich, sich ihnen in den Weg zu stellen. Wenn man eine Katze ärgert, dann kann sie auf eine Weise kratzen und beißen, dass Gift in die Adern kommt – und das ist dann das Gift des Schlangenzahns.

Von welchen großen Veränderungen spricht der alte Mann? Sollte es sich um eine jener Unruhen handeln, von denen Yeats in seinem berühmtesten Gedicht *Der Jüngste Tag* spricht?

Sind die keltischen Katzen der irischen Mythologie einfach nur Miniaturausgaben eines kriechenden Dämons, gekommen, um die menschliche Welt auf den Kopf zu stellen und ihr mit Opferblut Einhalt zu gebieten?

Einst wurden Katzen in Europa verehrt. Das war vor den mittelalterlichen Hexenverbrennungen. Die Gegenwart einer Katze hielt damals noch den ägyptischen Sagenschatz von katzen- und löwenköpfigen Göttinnen wach. Dazu gehörten *Bastet*, die Katze, *Sekhmet*, die Löwenköpfige, aber auch *Ra*, der Sonnengott, der sich selbst die *Große Katze* nannte. Die alten Ägypter beteten die Sonne, den Mond und die Erde an und die Katzen waren ein aktiver Teil dieser drei Welten.

Die schwarze Katze, magisch begabt, verkörperte die Dunkelheit. Auf Grund des Fells, das wie der Mondschein oder auch wie Silber glänzen konnte, sprach man der schwarzen Katze eine duale Identität zu. Außerdem war das Schwarze ein Nebenprodukt des Feuers und Feuer war für die Menschen der Antike gleichbedeutend mit Schönheit, Nützlichkeit und großer Macht. All diese Aspekte waren – und sind in der schwarzen Katze gegenwärtig.

Zu dem geheimnisvollen Nimbus dieser Katze kommt noch eine weitere Legende hinzu. Die alten Ägypter glaubten, dass Tag für Tag ein Kampf zwischen der Sonnenkatzengottheit und der Schlange der Dunkelheit tobte. So wurde die schwarze Katze zu allen Zeiten auch als schlangenähnliche Kreatur, als Mondgeschöpf, gesehen. Und wir verstehen auch, warum in den ersten Tagen des noch jungen Christentums die verbrannte Katze, die Katze von Heim und Herd, die Nachtkatze für ein Werk des Teufels gehalten wurde. Schließlich war dieses Tier nicht für das helle Tageslicht geschaffen, sondern vielmehr dazu da, durch den Himmel zu fliegen wie eine geflügelte Schlange, jenes phantastische Tier, das man Drachen nennt.

Die schwarze Katze galt bei abnehmendem und zuneh-
mendem Mond sowie bei Neumond als Heilerin und
Gehilfin von Kräuterärzten, die dunkle Knollen sammel-
ten, welche im Licht des Mondes wuchsen. Bei Vollmond
jedoch führten sie Chaos und Zerstörung, Trostlosigkeit
und Tod mit sich. Häufig wurden Katzen mit den einzel-
nen Mondphasen verglichen: als Kätzchen weiß und
hübsch, als junge Katzen in voller weißer Blüte und
zuletzt als Matriarchin, grau und verwelkt. genauso wie
der ewige weibliche Zyklus.

In alter Zeit galten Katzen auch als Wächter des Getreides. Vor der Pest wurden die europäischen Katzen ebenfalls als wohltätige Geister betrachtet. Sie töteten die
Ratten, die die Ernte bedrohten. Das gab ihnen einen
praktischen Nutzwert und infolgedessen wurden die
Kornspeicher zu ihren Tempeln und sie garantierten den
landwirtschaftlichen Wohlstand.

Doch die mystische Einheit der Katze, die Triade aus
Sonne, Mond und Erde, wurde bald banalisiert und funk-
tionalisiert. Die heidnischen Schreine waren zwar noch
vorhanden wie in der alten Zeit, aber sie wurden für profa-
ne, nicht für geheimnisvolle Ziele zweckentfremdet. Als
die europäische Getreidewirtschaft aufblühte, verlor die
Katze ihren Göttinnenstatus gänzlich und wurde zum
Symbol des vom männlichen Prinzip geleiteten Kauf-
manns. Die Katze verwandelte sich in einen Betrüger, der
windige Geschäfte tätigt, wie zum Beispiel der korrum-
pierte Kater in *Pinocchio*, dessen Freund ein verschlagener
Fuchs ist.

Als die Pest nach Europa kam, wurde in der Katze eine
weitere negative Inkarnation gesehen. Die mittelalterli-
che Hexe, eine dem Wahnsinn verfallene Göttin, wurde
mit Apep, der alten Schlange der Dunkelheit, gleichge-

setzt. Sie und ihre Freundin, die schwarze Katze, waren die wichtigsten Opfer für Anschuldigungen und Verdächtigungen. Die Pest bewies im Wesentlichen, dass die Macht dieser Göttin vernichtet war. Die neue Ordnung enteignete und leugnete die Mondgöttin.

Vor 100 Jahren gab es noch viele Menschen in Europa, die sich an die alten Sitten und Gebräuche erinnerten. Der junge W. B. Yeats spürte ihnen nach in den keltischen Wäldern. Er folgte einem Arzt namens Opendon, der in Sligo wohnte, nahe der Tür zum Feenland. Es ging das Gerücht um, dass in den dämmrigen Wäldern die Geister tanzten. Ein Hund mochte diese möglicherweise übersehen, nie jedoch das wachsame Auge einer guten schwarzen Katze.

Eine solche Katze beehrte Heim und Herd von Dr. Opendon, einem Mann, der seine Tinkturen im Schutz der Dunkelheit braute. Buschmedizin und Wurzelkuren, kultvoll empfangen, waren nur ihm allein bekannt. Nach jeder Heilung verschwand er mit seiner schwarzen Katze in den dämmrigen Wäldern.

Die schwarze Katze von Heim und Herd kommt in Irland auch in den Mythen des Jul-Holzscheits vor. Dieses Holz stammte vom heiligen Eibenbaum und es bedeutete für die Menschen mehr als nur Wärme. Die Eibe erinnerte an die verschwundenen Göttinnen, die einst die magischen Wälder zusammen mit der schwarzen Katze, ihrer gütigen Vertrauten, beherrschten.

Wenn das Eibenholz brannte, wurde es *Mary Wood* oder *merry wood* genannt, in Erinnerung an die jungfräuliche Maria oder die Mutter Erde. Helden, Liebende, Bettler und Narren wussten, was das Holz zu bedeuten hatte. So auch Buschärzte und Kräutermännlein (einst Frauen und nun Männer), die ihr mystisches Gewerbe bei Nacht ausübten und jene heilten, die bei der Schulmedizin keine Erlösung fanden.

So gibt es also die schwarze Katze von Heim und Herd, die Katze der Nacht und die Katze der Komplexität, die ein wenig von Ra besitzt, der Sonnenkatze, und ein wenig von Apep, der Schlange. Eine schwere Bürde für ein so graziles Tier und doch bewegt sie sich mit solcher Nonchalance, solch achtsamer Anmut. Sie geht erst hierhin, dann dorthin und tritt mit taufrischen Pfoten durch das Portal der Zeit.

Kleine Katzenkunde

Die Bombay, die einem kleinen schwarzen Panther ähnelt, ist eine Kreuzung zwischen den Burmesen und den schwarzen Amerikanischen Kurzhaar-Katzen. Die riesigen Augen dieser Katze verleihen ihr einen fast katzenuntypischen Ausdruck des Erstaunens. Sie scheinen den ganzen Kopf zu beherrschen und sind gold- oder kupferfarben. Die kupferfarbenen nennt man auch Copper-Penny-Augen.

Die Bombay-Katze ist eine verhältnismäßig junge Züchtung aus den Siebzigerjahren. Sie gilt als ruhige, wachsame Katze, die viel Zuneigung braucht. Das lässt sich natürlich von jeder Katze sagen, aber die Bombay gehört zu jenen, die laut genug schnurren, um auch noch im Nebenraum gehört zu werden, damit alles so läuft, wie sie sich das wünscht. Bombay-Katzen sind viel lieber im Zimmer als im Freien und sie sind bekannt dafür, dass sie keine aufdringliche Geräuschkulisse mögen.

Äußerlich entspricht die Katze dem Traum jedes Künstlers: schlank, mit kurzem Fell, muskulös und außerordentlich wohlproportioniert. Der Kopf ist zwar ein wenig zu groß für den Körper, wirkt aber durch die stechenden Augen kleiner. Die Bombay ist eine schwarze Schönheit, eine gelassene Mondkatze, eine vollkommene Gefährtin.

Da sie eine asiatische Schöpfung ist, eine Katze, die nach ihrem mythischen Vorbild, dem schwarzen Panther, gezüchtet wurde, ist es nur recht und billig, den berühmtesten aller literarischen Panther hier aufzuführen. Wir denken dabei selbstverständlich an Rudyard Kiplings Baghira.

Baghira ist durch und durch die typische Katze, sozusagen die reinste der ganzen Familie. Kipling zeigt uns vorsichtig immer mehr von ihm, als enthülle er eine kostbare Teakholz-Figur – und aus dem Verborgenen schreitet uns eine große Katze entgegen.

Kipling erzählt uns, dass Baghira tintenschwarz war, aber dass in bestimmten Lichtverhältnissen die Pantherzeichnungen auftauchten wie die Muster moirierter Seide. Baghira ist für seine Schlauheit und Tollkühnheit bekannt und hat eine Stimme »so weich wie Wildhonig, der von einem Baum tropft, und ein Fell, noch weicher gar als Daunen«.

In einer seiner ersten Lektionen an das Wolfskind Mogli sagt die große Katze: »Ja, auch ich wurde unter Menschen geboren.... Hinter Gittern wurde ich aus einem eisernen Napf gefüttert, bis ich eines Nachts spürte, dass ich Baghira bin, der Panther, und keines Menschen Spielzeug. Ich sprengte das lächerliche Schloss mit einem Hieb meiner Tatze und machte mich auf und davon; und weil ich die Machenschaften der Menschen kennen gelernt habe, verbreite ich im Dschungel noch mehr Schrecken als Schir Khan, oder etwa nicht?«

Baghira ist voller Weisheit und zeigt, dass die Augen einer Katze alles absorbieren können, was sie wollen – vor allem Macht. Die Katze sieht alles und vergisst nichts – und wird darum umso machtvoller.

Somit findet sich der Mythos der schwarzen Katze in Kiplings *Das Dschungelbuch* wieder. Baghira formuliert eine Grundeinstellung der Katzen, als er Mogli mitteilt: »Alles, im Dschungel, ist dein.« Die beiden verbindet wahre Freundschaft, die niemals rührselig ist, niemals Grenzen überschreitet und immer von katzenhafter Anmut geprägt ist: »Mogli streichelte den Panther noch ein paar Minuten, dann legte er sich wie eine Katze vor das Feuer, die Pfoten unter die Brust gesteckt und die Augen halb geschlossen.« Und doch hat man das Gefühl, dass der Schattenhafte sich wieder in die Schattenwelt zurückstehlen wird, von wo aus er unser Tun besser beobachten kann. »Ich sehe dich, aber du kannst mich nicht sehen« ist der Kern jeder Freundschaft zwischen Katze und Mensch.

Man muss Kipling hoch anrechnen, dass er mit seinem Roman viel dazu beigetragen hat, uns die negativ besetzte schwarze Katze vergessen zu lassen und unseren Glauben an die gute Katze der Schattenwelt zu erneuern. Baghira ist geheimnisvoll, ohne verschlagen zu sein, ein Katzenfreund, auf den man sich verlassen kann.

In der germanischen Mythologie wird die Erde von der Schlange Midgard umschlungen, der Nemesis der Götter. Thor wird ausgesandt, um diese Kreatur zu töten, aber sie verwandelt sich zuvor in eine große Katze. Midgards Reich ist der Grund des Meeres, wo das Monster sich im Schlamm suhlt wie es Ursula, die Tintenfischgöttin in Disneys Zeichentrickfilm *Die kleine Meerjungfrau* tut. Als Ursula in ihrem Zorn das Meer zum Kochen bringt, erinnert sie damit an die Schlacht, die aus den germanischen Sagen als »Götterdämmerung« bekannt ist.

Die Schlange der Dunkelheit versinnbildlicht in der christlichen Mythologie natürlich den Teufel. In dem apokryphen Evangelium der *Pistis Sophia* erzählt Jesus der Jungfrau Maria, dass die äußere Dunkelheit eine große Schlange ist, deren Schwanz in ihrem Mund steckt. Sie ist außerhalb der ganzen Welt und umgibt die ganze Welt. Hier ist die Schlange eine Metapher für die Hölle. Interessanterweise wird die große Schlange von Kreaturen mit Katzengesichtern begleitet, die später zu untergeordneten Teufeln werden, aber immer noch Katzen sind.

Die Katze mit den neun Leben

Abessinier

In Arabien, wo die Katzen seit dem sechsten Jahrhundert als heilig gelten, findet sich die Überlieferung von Muessa, Mohammeds Katze, der ersten Katze in der Geschichte mit neun Leben. Es heißt, dass diese gesegnete Katze einst im Ärmel ihres Herrchens schlief, als Mohammed gezwungen war, für eine Weile fortzugehen. Er wollte Muessa nicht aufwecken, darum schnitt sich Mohammed den Ärmel ab und ließ die Katze weiterschlafen. Als ihr Herrchen zurückkam, verneigte sich Muessa voller Ehrerbietung und Mohammed streichelte ihr drei Mal über den ganzen Rücken. Laut der Sage ist das der Grund, warum Katzen bei einem Fall immer sicher auf ihren Pfoten landen.

Die Drei ist eine wichtige Zahl in der Mythologie. Denken Sie nur an die drei Weisen, die drei Wünsche, die drei Lebensphasen (einmal ein Mann, zweimal ein Kind, wie es so schön heißt). Denken Sie auch daran, dass Mohammeds Geschenk an die Katzen von den drei Streicheleinheiten herrührt. Und da drei mal drei neun ergibt, multiplizieren sich die Zärtlichkeiten von Mohammed zu einer größeren Zahl, zu größerer Macht. Mythologisch gesehen scheint das Leben einer Katze (drei mal drei mal Unendlichkeit) endlos zu sein. Viele beliebte zeitgenössische Legenden behandeln dieses Thema. In Zeitungscartoons sieht man beispielsweise oft, wie eine Katze ihr neuntes Leben verliert und mit einer Harfe in der Pfote in den Himmel spaziert.

Die Legende von Mohammed und der Katze sagt jedoch noch mehr aus. Wir müssen auch über das heilige Kleidungsstück des Meisters nachdenken, den abgetrennten Ärmel, in dem Muessa ihr Nickerchen machte. Worin liegt die Bedeutung dieses Ärmels?

Ein kurzer Ausflug in die Zeichentrickwelt gibt uns einen Hinweis. In Disneys Meisterwerk *Der Zauberlehrling* wirft sich Mickymaus die Robe seines Meisters über und setzt den konischen Hut des großen Hexenlehrers auf. Die riesigen Ärmel scheinen höhlenartig, voller Magie. Leicht schwindelig unter dem gewaltigen Hut kämpft Micky mit einer kosmischen Macht, die er nicht kontrollieren kann. Die Holzeimer voller Wasser, die Mickey heraufbeschworen hat, drohen, ihn allmählich zu überwältigen und multiplizieren sich, drei mal drei mal unendlich. Diese Geschichte lässt darauf schließen, dass die Gewänder magisch begabter Menschen so erfüllt sind mit deren Dynamik, dass selbst ohne den Körper des Meisters die Energie des Universums in ihnen pulsiert. Mohammeds

Ärmel besaß seinen eigenen Teil an Kraft und Macht und wurde als heilig betrachtet. Wir wissen aus dem Koran, dass Mohammed nicht nur ein sehr weiser Mann war, sondern auch Wunder vollbrachte, also ein Magier war.

Der Ärmel, der der Katze Muessa geschenkt wurde, war ein Geschenk an alle Katzen der ganzen Welt für alle Zeit. Niemand weiß, was in diesem Ärmel steckte, aber wir glauben, dass er den Katzen als Gabe und als Sakrament überreicht wurde. Das mythische Erbe ist in diesem Fall beträchtlich, da mit den neun Leben der Katze grenzenlose Tugend verliehen wurde. Taten sind stärker als Worte und Mohammeds Geste ist eindeutig so, als hätte er gesagt: »Du, meine geliebte Katze, bist eine Gesegnete und sollst meiner Zuneigung auf ewig gewiss sein.«

Kleine Katzenkunde

Die Überlieferung von Muessa sagt uns nicht, um welche Katze es sich bei ihr handelte. Wir glauben jedoch, dass sie eine Abessinier-Katze war. Als offizielle Tempelkatze des alten Ägypten nimmt sie eine orakelhafte und ehrenvolle Stellung ein.

Das üppige goldbraune Fell und die großen, an der Spitze abgerundeten Ohren verleihen der Abessinier-Katze ein liebliches Aussehen. Ihre Augen wurden als die unschuldigsten der ganzen Welt bezeichnet. Der Blick der Abessinier-Katze ist ebenso geheimnisvoll wie ihr Name. Diese schlanke Katze ist für ihre Intelligenz bekannt. Sie liebt es, herumzutollen, und genießt den Ruf großer Verspieltheit. Alles in allem ist diese Katze liebevoll, leise und freundlich. Ihr langer, spitz zulaufender Schwanz bog sich schon in den Tagen von Salomo und der Königin von Saba.

Ein derart legendäres Tier muss einfach Dinge wissen, von denen wir nicht die leiseste Ahnung haben.

Numerische Katzenmythen reichen bis in die Antike zurück. Als Noah feststellte, dass es auf der Arche zu viele Mäuse gab, bat er den Löwen, das Problem für ihn zu lösen. Der Löwe schnaubte und aus seinen Nasenlöchern, erst aus dem linken, dann aus dem rechten, kamen zwei Katzen, eine weibliche und eine männliche. Wieder einmal die magische Zahl Drei, denn ein Löwe und zwei Katzen taten sich hervor beziehungsweise ein Löwe und zwei magische Nasenlöcher.

In der griechischen Vision der Hölle, bekannt unter dem Namen Hades, fließt spiralförmig der Fluss Styx und bildet auf diese Weise neun konzentrische Kreise. Odin stellte Freya neun Welten zur Verfügung, über die sie herrschen durfte. – Das ägyptische Pantheon bestand aus neun Gottheiten. – Aber keine Neun ist bedeutsamer als die der besten Freundin der Katze, der Frau. Denn sie schenkt nach neun Monaten neues Leben.

Die Sonnenkatze

Amerikanische Drahthaar

Das Bild der Sonnenkatze, die von den Kräften des Universums ihre Energie erhält, taucht in Sagen und Legenden in aller Welt auf. Wissenschaftlich gesehen klingt das ganz plausibel, denn das Fell der Katze ist statisch und zweifelsohne meistens elektrisch geladen. Außerdem haben Behaviouristen bewiesen, dass Katzen jede Woche eine bestimmte Anzahl an Sonnenstunden benötigen, also eine große Menge an Vitamin D, um ein gesundes Leben führen zu können.

Doch was ist mit dem Mythos der Sonnenkatze? Wo finden wir ihn heutzutage? Afroamerikanische Mythen erzählen von Katzen, in die ein schwarzer Blitz eingeschlagen ist – ihr Fell knistert vom kosmischen Strom. Übrigens ist der schwarze Blitz ein okkultes Symbol für psychische Energie. Die Art von Energie, die ein Geisterbeschwörer sucht.

Ein Ingenieur, der einmal das elektrische Potential über die ganze Länge des Rückens einer Katze gemessen hatte, ist zu dem Schluss gelangt, dass die Katze zwar nicht gerade ein Generator ist, aber zweifelsohne eine beachtliche Menge an Elektrizität gespeichert hat. Zudem wurde Katzenstrom einmal in einer Pariser Fernsehstation gemessen. Eine Frau, die ihre erregte Katze durch wiederholtes Streicheln beruhigen wollte, verursachte so viel statische Energie, dass sich die Bilder in der gesamten Station verzerrten.

In den Fünfzigerjahren waren Cartoons, in denen eine Sonnen- oder Elektro-Katze vorkam, überaus beliebt. Da wäre beispielsweise Felix zu nennen oder andere Katzenhelden wie Tom (aus *Tom und Jerry*). Wenn man ihren Schwanz in eine Steckdose steckte, verwandelte sich die Katze in eine lebende Glühbirne. Das ist nicht mehr und nicht weniger als die himmlisch aufgeladene schwarze Katze des alten Ägypten.

Behaviouristen glauben, dass Katzen – die große Mengen an Schlaf benötigen, manche bis zu vierzehn Stunden am Stück – ihre Batterien aufladen, sobald sie ihre Augen schließen. Die meisten von uns haben schon einmal eine Katze beobachtet, die im Schlaf von einem Hund oder einer anderen Störung plötzlich geweckt wurde. Die gerade aufgewachte Katze ist ein Energiebündel und tanzt förmlich in der Luft wie eine Rheostat-Katze, eine Elektro-Katze, aufgeladen mit grenzenloser Vitalität.

Philosophen sehen in der Katze eine Verkörperung der Beziehung zwischen Zeit, Raum und Materie. Selbst eine atomare Struktur wagt es die Katze, den physikalischen

Naturgesetzen zu trotzen. Sie stellt sich auf Einsteins Seite – welche Grenzen die Katze auch immer definieren, sie gehorcht ihnen nicht. Die Energie der Katze verändert ihre Form, Größe und Gestalt je nach Bedarf. Hier ein Beispiel: Je höher die Stelle, nicht je tiefer, von der aus man eine Katze von einem Gebäude fallen lässt (nicht mehr als vier Stockwerke, nicht weniger als eines), desto größer ist ihre Chance, diesen Sturz zu überleben.

Wir wissen heute, dass die Katze eine gewisse Strecke des freien Falls benötigt, um sich selbst auszurichten. Stellen Sie sich vor, die Mitte der Katze bestünde aus einer Art Gyroskop. Wenn sie durch den Raum fällt, gleicht dieses Gyroskop den Schwerpunkt der Katze aus, damit sie sicher auf ihren Pfoten landen kann.

Die Mythologie der Katzen ist voller Superhelden, voller Katzen, die als Superwesen alle möglichen phänomenalen Stunts vollbringen. Doch die meisten dieser mythischen Gestalten, wie beispielsweise Cat Woman in *Batman*, zeigen die Katze von ihrer besten und, so unglaublich es auch klingt, realistischsten Seite. Daher kann Cat Woman von einem Gebäude springen und unversehrt auf der Straße landen. Ebenso wie die schwarze Katze, die ihr die mythische Macht gab, ist Cat Woman so dehnbar wie ein Gummiband und so biegsam wie eine Stahlfeder.

William Blakes berühmte Superkatze Tiger ist eine weitere Variante der Sonnenkatzen. Sie ist ein lebendiges Wesen, ein Mandala aus Materie in der Spannung von Spiritualität und Materialität. Sie ist hell, golden und flüssig und regeneriert sich im Fließen. Tiger existiert ewig und wie Energie kann man ihn nicht zerstören. Diese Katze kann ihren Schwanz schlucken und wiedergeboren werden, aber sie lässt sich niemals auf das Nichts reduzieren, denn ihre Energie ist dauerhaft.

Die Amerikanische Drahthaar besitzt ein stacheliges, kurzes Fell, das ein wenig absteht. Jedes einzelne Haar der Katze ist geknickt und so hat es den Anschein, als habe das Tier einen elektrischen Schlag abbekommen. Die Amerikanische Drahthaar ist extrem selten. Sie ist in Wirklichkeit eine Mutation der Amerikanischen Kurzhaar. Alle Drahthaarkatzen in den USA und in Kanada scheinen von einer einzigen Katze abzustammen, die 1966 in Verona im US-Bundesstaat New York zur Welt kam. Passenderweise hieß das Tier Adam.

Die Drahthaarkatze ist mittelgroß, kräftig und robust. Und sie sieht in der Tat wie ein Tier aus, das kräftig durchgerüttelt wurde: Das gekräuselte Fell zaubert ein Lächeln in das Gesicht jedes Betrachters. Es gibt sie in allen Farben, doch um zur Zucht zugelassen zu werden, muss das Tier die richtige Fellbeschaffenheit besitzen. Hier haben wir es mit einer Katze zu tun, die haargenau in einen Mythos zu passen scheint.

Mark Twain hat einmal über einen explosiven, elektrischen Kater in *Durch dick und dünn* geschrieben. Darin erzählt er von einem Tabby namens Tom Quartz, dessen Schicksal unter den Minenarbeitern von Dead-House Gulch legendär war. Tom, als Ra des Goldenen Westens, war auf der Suche nach dem Lieblingsmineral der Sonne, nach Gold. Er kannte die Minen besser als die Arbeiter und ließ sie immer wissen, wann sie sich zu weit von der funkelnden Pracht entfernten. Eines Tages machte Tom Quartz ein Nickerchen, gerade als die Minenarbeiter beschlossen, nach Gold zu sprengen. Keiner dachte noch daran, dass der arme Kater neben der Grube, die voller Dynamit war, auf einem Jutesack schlief. Als die Explosion erfolgte, konnte sich der Kater förmlich in den Himmel krallen. Aber als er wieder unten aufkam, war er immer noch der alte goldschnüffelnde Kater – nur ein wenig elektrifizierter als zuvor. Ob dies eine erfundene Geschichte ist oder nicht – Tom Quartz gehört jedenfalls der Tradition jener Katzen an, die immer ein wenig geladen sind.

Die Glücksbringer-Katze

Korat, Burma-Katze, Kartäuser, Europäische Kurzhaar

Die mythische Matagot aus Marseille ist – nach allem, was man hört – eine hungrige, einsame, aber glückliche Katze mit der manischen Disposition eines Vielfraßes. Laut einer Legende kann man eine Matagot nur fangen, indem man sie mit einem gebratenen Hühnchen lockt. Während die Matagot frisst, überwältigt man sie und steckt sie in einen Jutesack, den man danach in einen großen Schrank legen muss. Am Abend füttert man sie mit einem Bissen vom Essen des neuen Herrchens oder Frauchens, und wenn die Katze am Morgen ruht, wird man eine goldene Münze vorfinden – das erste von vielen Geschenken der Katze.

Die Geschichte der Katze, die Reichtümer verteilt, ist in England sowie in Frankreich beheimatet. Die englische Version geht der ersten veröffentlichten französischen rund 100 Jahre voraus.

Dick Whittington war zu Beginn des 15. Jahrhunderts Bürgermeister von London. Man weiß nur von ihm, dass er eine Katze besaß. Und diese Katze wurde berühmt, denn Dick Whittington soll seinen Wohlstand und Erfolg angeblich seinem Kater zu verdanken haben. Whittington war ein Waisenkind, das von einem der Gläubiger seines verstorbenen Vaters angeheuert wurde. Mit seinem neuen Herrn reiste er nach Afrika und das einzige, was dem Jungen dort wirklich gehörte, war sein Kater. Dieser Kater, so will es die Legende, erlöste ein afrikanisches Königreich von Ratten. Der junge Dick erhielt daraufhin Privilegien und einen großen Schatz. Er wurde so zu einem reichen Mann und als er nach London zurückkehrte, zu einem Helden.

Diese Geschichte scheint gar nicht so unwahr, denn es gibt ein Steinrelief, das man unter Whittingtons Haus in Gloucester gefunden hat und auf dem ein Junge, der eine Katze im Arm hält, abgebildet ist.

Carl Van Vechten, Autor von *The Tiger in the House*, schreibt, dass die eine oder andere Version dieser Fabel in jeder Sprache und Region zu finden ist, von Moskau bis nach Sansibar. Mündliche Überlieferungen von der Glückskatze gibt es auf Russisch, Sizilianisch, Afrikanisch, Indisch, Arabisch, Französisch, Spanisch, Englisch und Amerikanisch, um nur einige wenige zu nennen.

In der italienischen und ostindischen Version dieser Geschichte sind sowohl Katze als auch Herrchen Schwindler und kriminelle Weggefährten. In der sansibarischen Fabel ist die Katze reinen Herzens, das Herrchen nicht. So wacht dieser am Ende auf und muss feststellen, dass sein Reichtum nichts weiter war als ein Traum, der verpuffte. Die spanische Variante der Glückskatze handelt von einem Mönch in Mexiko, dessen Katze ihm zum Abendessen immer einen Hasen bringt. Dieser Mönch träumt davon, ein großes Aquädukt für sein Dorf zu errichten. Eines Tages kommt ein Alkalde vom Königshof, um mit dem Mönch zu speisen. Als der Alkalde die außergewöhnliche Intelligenz der Katze sieht, die an diesem Abend zwei Hasen bringt, gelobt er, sich für die Wasserleitungen des Mönches beim Vizekönig einzusetzen. Noch heute existiert ein Aquädukt mit 36 Bögen und erinnert an diese Glückskatze.

Für all jene, die gern eine moderne Version des Matagot-Mythos lesen möchten, hier die Geschichte des Boudin Creole von Philip Greaux aus St. Bart:

»Ich frage mich immer noch, wer dieser Kater war, der uneingeladen in unser Leben stolzierte, schließlich unsere alteingesessene Katze verjagte und im Grunde zu unserer ganz eigenen Legende wurde. Mein Vater nannte ihn Boudin Creole, nach einer würzigen Wurst aus Guadeloupe. Boudin war wild. Offenbar hatte ihn niemand je gezähmt, zumindest nicht nach ignoranten menschlichen Maßstäben – und es versuchte auch niemand. An jenem ersten Morgen kam Boudin durch das Fenster herein und fühlte sich gleich wie zu Hause.

Mein Vater, ein sehr jähzorniger Mann, erwischte ihn, wie er etwas fraß, was nicht für ihn bestimmt war, und ohne nachzudenken warf er Boudin aus dem Fenster. Unser Haus ist zweistöckig und steht auf einem Hügel, und obwohl ich damals erst sieben Jahre alt war, wusste sogar ich, dass keine Katze einen solchen Sturz überleben konnte. Schließlich ragten am Fuße des Hügels zerklüftete Felsen aus dem Meer heraus.

Doch kaum hatte sich mein Vater an jenem Morgen wieder seinem Frühstück zugewandt, spazierte Boudin neuerlich durch das offene Fenster, ging zu meinem erstaunten Vater hinüber und versenkte seine Klauen in dessen nacktes Bein. Danach sahen wir Boudin eine Woche lang nicht mehr, aber dann stieg er mit einem großen, fetten Huhn in seinen Fängen durch dasselbe Fenster herein.

Mir schien, als ähnelte das Huhn sehr jener Henne, die ich im Haus meines Großvaters gesehen hatte (der etwas weiter oben am Hang lebte), aber Vater war so begeistert von dem Geschenk des Katers, dass er ihm alles vergab. In dieser Nacht feierten wir ein Fest und Boudin erhielt seinen neuen Namen Boudin Creole, was so viel bedeutet wie »scharf im Mund, aber mächtig lecker im Bauch«.

St. Bart ist nicht sehr groß und Neuigkeiten verbreiten sich rasch über die tropisch grünen Hügel. Als wir uns zum Essen setzten, stellte Großvater fest, dass seine beste Henne verschwunden war, zusammen mit einigen seiner Küken. Also verprügelte er jeden Hund in Anse Des Cayes und fing einen Streit mit seinem Cousin ersten Grades an, der heute noch andauert.

Sehen Sie, Bouzou besaß einen räudigen Hund, der regelmäßig auf Großvaters kleinen Bauernhof kam, und dieser Hund, der Ziegenböcke ebenso gern mochte wie Hühner, stellte den vollkommenen Sündenbock dar. Wie auch immer, die Sache wurde ziemlich hitzig, aber Boudin kam und ging, wie es ihm gefiel, und niemand verdächtigte ihn.

Doch eines Nachmittags sah ich, wie Großvater auf der Steinmauer stand, die seinen Besitz umgab. Er schaute aufs Meer hinaus, das dachte ich zumindest, und auf seinem Gesicht lag ein seltenes, von Herzen kommendes Lächeln (er lächelte sonst nie), das zu einem tiefen, zufriedenen Gelächter wurde. Ich kletterte barfuß auf die Mauer und stellte mich neben Großvater – und da sah ich, was ihn zum Lächeln gebracht hatte.

Boudin jagte vier Hunde, die sich an Großvaters Ziegen vergreifen wollten. Es waren raubeinige Straßenköter, aber der Kater zeigte ihnen, wo es langging. Zu guter Letzt jagte er sie vom Grundstück und kam Unschuld heuchelnd zu uns herüberspaziert. Ich war noch nie so stolz auf Boudin gewesen wie in diesem Augenblick. Und Großvater, der nie etwas Gutes über Tiere zu sagen hatte, die keine Eier legten oder trinkbare Milch produzierten, ging in die Knie und klopfte Boudin auf den Kopf. ›Ich vermute, diese Hunde haben soeben ihren Meister kennen gelernt‹, sagte Großvater.

Danach herrschte Boudin über das Familiengrundstück und alle Straßenköter hörten davon und hielten sich fern. Großvaters Bauernhof schien seither zu erblühen. Wann immer eine Henne ein Ei legte, war es größer als das vorherige, und wenn die Ziegen Milch gaben, füllten sie ganze Eimer. ›Das ist eine Glückskatze‹, sagte Großvater eines Tages zu mir und er meinte es auch so.

Die Jahre vergingen und ich wuchs heran. Eines Tages, es war im Sommer, verschwand Boudin. Wir sahen ihn danach niemals wieder, aber obwohl keiner wusste, was aus ihm geworden war, hatte ich so eine Ahnung. Eines Nachmittags hielt ich mich in der Stadt auf. Dort sah ich einen alten, einäugigen Hund, der auf drei Beinen humpelte und um Futter bettelte. Ein Blick in sein Gesicht genügte, um mich an ihn zu erinnern: Er war der Raufbold, der die drei anderen zu Großvaters Hof geführt hatte. Vermutlich hatte ihm Boudin Creole wirklich und wahrhaftig gezeigt, wo es langging.

Heute befindet sich ein kleiner Steinhaufen auf Großvaters Hügel, der die folgende Aufschrift trägt: ›Eine heiße Wurst ist nicht leicht zu schlucken. Ruhe in Frieden, Boudin.‹«

Kleine Katzenkunde

Die Glückskatze kann verschiedenen Rassen angehören. Die Korat-Katze, deren Name mit »Glücksbringerin« übersetzt wird, stammt aus Thailand und ist mit der Matagot zwar nicht geographisch, aber kulturell verwandt, oder besser gesagt mythologisch. Ihr Fell ist stets eher bläulich-silber als schwarz. Die Legende besagt, dass diese Katzen früher dem Adel und thailändischen Bräuten zur Hochzeit geschenkt wurden, und sie fanden schon im Jahr 1300 Erwähnung. Die Korat ist leise und schüchtern, ganz anders als Boudin Creole, und doch ist sie ein streitsüchtiges Tier, vor allem, wenn ihr Territorium von einem Außenseiter aus der Katzenfamilie bedroht wird.

Augen und Ohren sind groß, der Körper muskulös und der Kopf ist herzförmig.

Die Burma-Katze ist eine weitere Glücksbringerin. Sie stammt aus den burmesischen Klöstern, wo sie von den Mönchen als Tempelkatze gezüchtet wurde. Man glaubte, dass die Seele eines Menschen, der gestorben war, eine Zeit lang im Körper einer heiligen Katze weiterlebte, bevor er in die absolute Vollkommenheit des nächsten Lebens eintrat: Und wenn eine Katze starb, setzte sie sich bei Buddha für ihr Herrchen oder Frauchen ein.

Schon während der Ayudhya-Periode (1350–1767)

wird die Burma-Katze in einem Gedichtband erwähnt. In Siam nahmen die schwarzen Katzen mit den goldenen Augen an religiösen Ritualen teil. In Burma waren die Katzen von brauner Färbung. Der Körper der Burma-Katze ist muskulös und ihre Vorderbeine sind etwas länger als die Hinterbeine. Ihre kleinen Pfoten und der Schwanz von mittlerer Länge, der sich zum Ende hin leicht verjüngt, verleihen dieser Katze das Aussehen eines kleinen Schokoladenpanthers. Es gibt sie auch in den Farben Sable, Platin oder Lila, aber die Augen sind stets goldfarben.

Die Kartäuser-Katze, auch Chartreuse genannt, stammt aus Frankreich. Sie wurde in den Klöstern des Kartäuser-Ordens nahe bei Paris gezüchtet und schon in den Schriften des berühmten Botanikers Carolus Linnaeus (1707–78) erwähnt. 1931 entdeckten die Schwestern Legère in der Bretagne eine Gruppe von Katzen auf der Belle-Isle-Sur-Mer. Es handelte sich bei ihnen um Inselkatzen aus einer uralten Züchtung, die von den Kartäusermönchen stammte. Warum hielten sich die Mönche solche Katzen? Sie waren herausragende Jäger und ihr wasserabstoßendes Fell ließ sie auch bei schlechtem Wetter ungerührt ins Freie gehen. Da diese Katze von Sagen umwoben ist, klingt sie eindeutig nach einer Matagot – obwohl die Kartäuser-Katze nicht schwarz, sondern eher blaugrau ist.

Die Europäische Kurzhaar reiht sich ganz sicher in den Kreis der möglichen Kandidaten ein. Wahrscheinlich gehörte auch die Katze von Dick Whittington zu dieser Rasse und ebenso die bretonische Katze, die den Fischern viel Glück brachte. Diese Züchtung ist besonders eigen, was ihr Territorium betrifft, und obwohl sie anscheinend einen ziemlich großen Auslauf braucht, kennt sie auch ein ausgeprägtes Familieneigentum, das sie sehr besitzergreifend mit Beschlag belegt. Das trifft haargenau auf Boudin

Creole zu. Ein Teil des Glückszaubers ist die Langlebigkeit der Rasse – bis zu achtzehn Jahren und mehr.

Das Besondere an der Glückskatze ist ihre Überlebensfähigkeit. Die Katze, die sich im Schlaf aufrollt, ist ein Symbol für den Kreis, eine Metapher des Lebens, die den mittelalterlichen Tierbuchschreibern in Europa nicht entging. Außerdem nennt man die Stonehenge nachempfundenen Steine in Maidstone, im englischen Kent, *Kit's Coty House*. Diese so genannten Katzensteine sind neolithisch, primitive Zeugnisse eines andauernden Katzenmythos. Die Geschichte dieser Katze, eine recht außergewöhnliche Geschichte, erzählt von einem Tier, das bei den Göttern lebte, selbst ein Gott war und den Menschen einen Hauch Göttlichkeit verlieh.

Im alten England glaubte man, es sei heilend, eine Katze zu streicheln. Es sei die Berührung von etwas Besserem, eine Ahnung von Unsterblichkeit. Das Spiel *Cat's Cradle* kommt eigentlich von *Christ's Cradle* oder *Crèche Cradle* – der Krippe, in der Christus lag, als laut der Legende eine Mutterkatze ihre Kätzchen gebar. Christus, das Licht der Welt, wird in der christlichen Bilderwelt auch mit der Katze in Verbindung gebracht, da die Augen einer Katze das himmlische Strahlen in sich bergen.

Zu guter Letzt sind die neun Leben einer Katze der Hauptgrund für die Ansicht, dass Katzen Glück bringen. Welches andere Tier hat zusätzliche Lebensspannen, in denen es lernen kann, seine Langlebigkeit noch zu erhöhen? Die Katze lebt immer und immer wieder, lebt mit dem Schicksal der Unsterblichkeit, das ihre verzauberte Existenz in der Schwebe hält und ihr erlaubt, viele Leben in einem einzigen zu durchlaufen.

Die Käfig-Katze

Ocicat

Wenn wir die Katze des Verrats und der Gewalttätigkeit bezichtigen, konzentrieren wir uns dabei häufig absichtlich auf diese Eigenschaften und blenden die Tugenden der Katze einfach aus.

Es heißt bisweilen, die Wildheit der Katze ist und war zu viel für den Menschen. Wir müssen nur unsere Beziehung zu den größeren Vertretern der Katzenfamilie überprüfen, den Raubtieren, um ein deutliches Bild dieser Dynamik zu erhalten.

Was ist mit diesen großen Katzen? Im Grunde haben wir sie vertrieben. Wir haben sie gefangen, vergiftet, verfolgt, verbannt und alle Raubkatzen eingesperrt, die uns jemals nahe gekommen sind. Warum? Nur weil sie sind, was sie sind und was sie immer waren – Katzen.

Im US-Bundesstaat Florida gibt es nur noch ungefähr 150 frei lebende Panther, obwohl vor 1994 nur ein einziger Mensch in den Vereinigten Staaten von einem wilden Panther getötet worden ist – und vor 1924 niemand. Dieses Tier hat als Raubkatze eine Vorliebe für Fleisch, etwas, das auch wir zu schätzen wissen. Genau das hat uns dazu veranlasst, ein Tier, das die amerikanischen Ureinwohner »weichpfotigen Bruder« nannten, so gut wie auszurotten. In dem indianischen Namen liegt sowohl Vergebung als auch Offenheit gegenüber dem Panther und seiner räuberischen Konkurrenz zum Menschen. Doch heute gibt es in Amerika keine Bruder- oder Schwesternschaft mit der Großkatze mehr. Sie muss weichen, wie auch die Wildnis weichen musste. Und mit jedem Tier, das geht, verlässt uns etwas, das niemals zurückkehrt.

Für die amerikanischen Indianer bedeutete das goldene Fell des Panthers eine Ahnung von Unsterblichkeit, es fing die Sonne ein.

Für die Europäer stellte der vierpfötige Bruder eine Gefahr, eine Bedrohung dar, denn bei Nacht ging er auf die Jagd und tötete Rinder. Seine allzu leisen Pfoten brachten Unglück, denn dieses Tier konnte auftauchen und wieder verschwinden, konnte sehen, ohne gesehen zu werden. Solche Eigenschaften hat auch die gewöhnliche Hauskatze. Und unser Misstrauen ihr gegenüber ähnelt sehr unseren ältesten, verborgensten Ängsten. Wir haben die Katze in unsere Häuser geholt, um ein Auge auf sie haben zu können. Die Großkatze verbannen wir gern, wenn es uns genehm ist und nicht allzu viele Umstände verursacht, in einen Wildpark, ein Reservat. Wir führen sorgfältig Buch über den Florida-Panther, weil er zu den gefährdeten Arten gehört. Aber wir tun es auch, weil er uns Menschen gefährlich werden kann. Und was ist mit den wildesten der wilden Katzen, den großen Raubkatzen Südamerikas, Indiens, Afrikas?

Jene, die man nicht jagt, auf Zelluloid bannt, studiert und in ihrer natürlichen Umwelt beobachtet, werden häufig in unsere Welt verschleppt, wo sie einen Ort mit symmetrischen Eisenstäben verschönern sollen. Der große Lyriker Rainer Maria Rilke verewigte das in seinem Gedicht *Der Panther*. Voller Schmerz stellt er sich vor, wie die eingekerkerte Katze ihren »hartfüßigen Bruder«, den modernen Menschen, sieht.

> *Sein Blick ist vom Vorübergehn der Stäbe*
> *So müd geworden, dass er nichts mehr hält.*
> *Ihm ist, als ob es tausend Stäbe gäbe*
> *Und hinter tausend Stäben keine Welt.*

> *Der weiche Gang geschmeidig starker Schritte,*
> *Der sich im allerkleinsten Kreise dreht,*
> *Ist wie ein Tanz von Kraft um seine Mitte,*
> *In der betäubt ein großer Wille steht.*

> *Nur manchmal schiebt der Vorhang der Pupillen*
> *Sich lautlos auf –. Dann geht ein Bild hinein,*
> *Geht durch der Glieder angespannte Stille –*
> *Und hört im Herzen auf zu sein.*

Genau das bedeutet es, eine gefangene Katze zu sein, eine Pantherkatze, die hinter die Gitterstäbe menschlichen Misstrauens gesperrt wurde. Werden wir der Pantherkatze jemals die Freiheit schenken? Sie einfach leben lassen? Sie sein lassen, was immer sie sein will, ein sanftpfotiger Bruder, eine sanftpfotige Schwester?

Die Frage dreht sich nicht nur um wilde Tiere, sondern um alle Tiere, domestiziert und frei lebend. Katzen sollten keinen moralischen Vertrag benötigen, um unsere Erfahrungen teilen zu dürfen. Wir dagegen sollten die Katze um Erlaubnis bitten, wenn wir an der Heiligkeit ihres Geistes teilhaben möchten.

Kleine Katzenkunde

Die Katze, die einem kleinen Leoparden am ähnlichsten sieht, ist die Ocicat, das Ergebnis einer Kreuzung zwischen Siamkatze und Abessinier. In den Sechzigerjahren hatte die Züchterin ein geflecktes Kätzchen, das einem Ozelot glich. Ihre kleine Tochter konnte jedoch nur »Ocicat« sagen, so dass dieser Name der Katze für immer blieb.

Heute ist die Rasse für ihre Loyalität und Zuneigung bekannt sowie für ihre einzigartige Fähigkeit, sich trainieren zu lassen. In dieser Hinsicht ähnelt die Ocicat sehr einem Hund, denn es macht ihr nichts aus, Befehle entgegenzunehmen, die beim Erlernen von Tricks nötig sind. Sportlich gesehen besitzt die Ocicat die Wendigkeit und Geschwindigkeit der Abessinier, während sie gleichzeitig über die Gelassenheit der Siamesen verfügt, ohne jedoch deren unnachahmliche Stimme zu haben.

Körperlich ist die Ocicat durchaus mit einem Geparden zu vergleichen: gefleckt, lange Beine, hohe Brust, muskulös, mit einem keilförmig ausgeprägten Kopf und einem langen, schmalen Schwanz. Alles in allem ist sie eine umwerfende Katze und eine herrliche Vertreterin der Wildnis.

Die kleinste Raubkatze Amerikas ist der Jaguarundi, der

in Mittel- und Südamerika heimisch ist. Dieser Vertreter der Katzenfamilie, mit seinem dunklen Fell, ist vor kurzem in den Küstengebieten des südwestlichen Florida aufgetaucht. Diese Raubkatze ist klein, wiegt nur um die 18 Pfund und wird manchmal als Otterkatze bezeichnet, weil sie das Wasser liebt und sich ihm gut angepasst hat.

Der Jaguarundi liebt das Grasland, die Savanne, aber auch den Wald in der Nähe von Gewässern. Er ist für gewöhnlich rostbraun, rot oder grau, aber es gibt auch eine Färbung, die man als »Rostflecken« bezeichnet.

The Bestiary: A Book of Beasts ist T. H. Whites Übersetzung eines lateinischen Tierkundebuches aus dem zwölften Jahrhundert. Was in diesem Buch über Panther zu lesen steht, ist reiner Volksglaube, doch seinerzeit galt es als wissenschaftlich. Der einzige Feind dieser Katze, so kann man dort nachlesen, ist der Drache. Nach einer Mahlzeit zieht sich der Panther drei Tage lang in seine Höhle zurück, danach wacht er auf und rülpst. Das Rülpsen, so heißt es in diesem Buch, riecht nach Gewürzen und alle Tiere werden von diesem würzigen Duft magisch angezogen – mit Ausnahme des Drachens, der tief ins Erdinnere flieht.

White fügt hinzu, dass der Mythos vom Panther auf dem Leben von Jesus Christus basiert: Der wahre Panther, Jesus Christus, habe uns der Macht des Drachen-Teufels entrissen, indem er vom Himmel herabstieg. Durch seine Fleischwerdung nahm er uns alle an und beendete die Gefangenschaft. Was Salomo über Christus andeutete, wird im Panther symbolisiert, ein Tier von so vielen Farben, dass es durch die Weisheit Gottes des Vaters der greifbare Geist wurde: der einzige Weise, der Vielfache, der Wahre, der Süße, der Richtige, der Nachsichtige, der Beständige, der Unzweifelhafte, der Gelassene, der Allmächtige, der Allsehende.

Auch der Atem des Panthers ist von religiöser Bedeutung. Im mittelalterlichen Sagenschatz Europas war der
Atem des Panthers gleichbedeutend mit dem des Herrn
Jesus Christus. So wie die Süße des Atems des Panthers in
allen Tieren (mit Ausnahme des Drachens) Ruhe hervor-
rief, so bringt die Weisheit von Jesus Gelassenheit in das
bekümmerte Herz.

Die Arbeitskatze

Amerikanische Kurzhaar

Von Anbeginn waren Katzen die Wächter von Heim und Herd. Anders als bei den Hunden, zu deren Aufgaben normalerweise die Jagd, der Sport und die ständige Begleitung des Menschen gehörten, wurde die Hauskatze im Grunde nur zu einem einzigen Zweck angestellt: um Mäuse zu fangen und zu töten. Demzufolge hat dieses Tier nicht dieselbe Bedeutung erlangt wie die ihres ungleichen Verbündeten, dem Hund.

Das war früher der Fall, aber trifft es noch heute zu? Umfragen deuten darauf hin, dass wir Katzen aus einer Vielzahl von Bedürfnissen halten, aus medizinischen Gründen bis hin zu sozialen Zwecken. Aber ihr uraltes Geschenk an uns, Schädlinge zu vernichten, steht immer noch ganz oben auf der Liste der Anforderungen.

Es stellt sich die Frage, ob Katzen wissen, dass ihre Nützlichkeit für den Menschen von so großer Wichtigkeit ist. Umfragen der Zeitschrift *Cat Fancy* zeigen, dass sich Katzen ihrer Stellung im Haushalt durchaus bewusst sind und dass sie häufig depressiv werden, wenn ihnen der Verlust dieser Stellung droht.

Denken wir an die Auftritte des berühmten Tiermediums Samantha Khury. Samanthas ungewöhnliche Talente erlauben es ihr, sich mit dem Geist eines Tieres zu verbinden und dessen Gefühle zu erkunden. In dem merkwürdigen Fall von Casey, der arbeitslosen Katze, die faul wurde, entdeckte Samantha Anzeichen akuter Depression. Der Kater wollte seine ursprüngliche Arbeit wieder ausüben. Und wie sah diese Arbeit aus? Er war gewissermaßen der Portier im Restaurant seines Besitzers. Er begrüßte alle Gäste, die durch den Eingang hereinkamen. Als das Restaurant bis auf die Grundmauern niederbrannte und die Besitzer beschlossen, es nicht neu zu eröffnen, konnten sie ihr Leben fortsetzen und sich einen neuen Beruf suchen. Aber Casey wurde trübselig und zeigte schließlich keinerlei Lebenslust mehr. Er wurde eine überaus niedergeschlagene Katze. In menschlichen Begriffen ausgedrückt war er ein Selbstmordkandidat.

Darum riefen Caseys Besitzer, das Ehepaar Paul, das Medium Samantha. Und Samantha fand die Ursache und eine mögliche Heilung. Dr. Bobbie Paul war besonders überrascht, als sie hörte, was ihr Lieblingshaustier quälte. Samanthas medizinische Prognose überstieg die Grenzen des Vorstellbaren: Casey hat seine Arbeit verloren – seine Arbeit? Was für eine Arbeit? Er ist eine Katze! Die Idee, dass ein Tier einen Ort braucht, an den es jeden Tag gehen kann, an dem es eine Art Arbeit verrichtet, war ihr neu.

Doch so ungewöhnlich ist es gar nicht, eigentlich ist diese Vorstellung sogar recht alt. Als Wächter der Kornkammern erfüllten die Katzen einen besonderen und doch sehr praktischen Zweck. Sie sind ihren Pflichten in den Burgen und Schlössern der Alten Welt und in den Schiffsbäuchen auf dem Weg in die Neue Welt nachgekommen. Von Anfang an erfüllten sie ihre Aufgabe und unsere Sagen und Legenden künden davon auf unvergleichliche Weise. Mythisch gesprochen hat kein Hund je den Ruhm des Gestiefelten Katers erreicht, jener ritterlichen Katze, an deren breitem Ledergürtel mit der Goldschnalle frisch gefangene Mäuse hingen.

Samantha bezog ihre Informationen direkt von der Katze: Casey wollte seine alte Arbeit wieder. Nein, Casey verlangte, dass man ihm seine alte Arbeit zurückgab. Er erzählte es Samantha und sie gab es an Caseys Familie weiter.

Wenn das ein klein wenig nach einer New-Age-Fabel klingt, dann akzeptieren Sie es einfach als solche. Denn was immer es ist oder war, es ist genauso geschehen und man muss nur das außerordentliche Einfühlungsvermögen und die Leistungen von Samantha Khury bedenken, um zu verstehen, dass ihre Gabe kein Zufall, sondern etwas ganz Wunderbares ist.

Im Laufe ihrer Karriere hat Samantha die Geheimnisse von Katzen, Hunden, Pferden, Papageien, Schildkröten und sogar Elefanten gelüftet. Sie hat uns gezeigt, dass wir nur sehr wenig über diese Tiere wissen, und fast nichts darüber, was sie denken und fühlen und die Art und Weise, wie sie mit ihren menschlichen Freunden leben wollen.

Casey hielt sich beispielsweise für den unverzichtbaren

Maître d'Hotel in dem Restaurant der Pauls. Alles war perfekt bis zu dem tragischen Feuer, das zur Schließung des Restaurants führte. Während die Familie nach anderen Möglichkeiten eines Lebensunterhaltes suchte, siechte Casey dahin. Das fiel den anderen nicht auf, weil sie zu sehr mit ihren eigenen Angelegenheiten beschäftigt waren. Normalerweise war Casey voll freudiger Erregung, wenn sich die Familie auf die Arbeit des Tages vorbereitete. Doch nun lag er ermattet im Haus herum und wurde immer verzagter.

Entsprechend Samantha Khurys Vorschlag versuchte Caseys Familie, eine andere Arbeit für ihn zu finden. Und schon einige Tage nach der Diagnose eröffnete sich eine »neue Stelle«: Oder eigentlich beschaffte er sich diese Stelle selbst: Casey spazierte zur öffentlichen Bibliothek. Dort wurde er in kürzester Zeit der offizielle Begrüßer der Ausleiher. Er stellte sich an den Haupteingang und tat, was für ihn ganz natürlich war: Er lächelte, er schnurrte, er posierte, er ließ sich streicheln und begrüßte die Menschen mit einem Schwung seines Schwanzes und einem Beben seiner Schnurrhaare.

Ein Jahr lang war Casey der Maître der öffentlichen Bibliothek, arbeitete zu den üblichen Öffnungszeiten und wurde ein glücklicher Kater. Dann beschloss das Bibliothekspersonal, dass Tiere nicht willkommen seien, und wieder einmal war Casey arbeitslos.

Sein Problem fand ein Ende, als die Pauls durch die Hilfe und den Rat von Samantha eine Aufgabe für Casey fanden, die von Dauer sein würde. Sie schickten ihn zu Nachbarschaftsbesuchen bei älteren Gemeindemitgliedern. Das Endergebnis war perfekt. Casey hatte eine Tätigkeit gefunden, die er liebte, und dies bei Menschen, die er am meisten mochten – Menschen, die ihn nicht wie eine Katze, sondern wie eine Person behandelten. Dank des Respekts und der Ermutigung gab Casey jede Menge Liebe an sie zurück.

Als Mäusejägerin, Fischerin, Freundin und häufig Komplizin ist die Katze seit den Tagen des Dreschens und Erntens unentbehrlich. Seit damals steht die Katze als Haustier jedoch immer im Schatten des beliebteren Hundes. Erst heute ändert sich das allmählich. Aufgrund beengter Räumlichkeiten ziehen Familien immer öfter Katzen vor. Und wie Caseys Geschichte zeigt, lieben Katzen es, zu arbeiten. Wir müssen ihnen nur etwas zu tun geben, das ihren Interessen und Fähigkeiten entspricht. Katzen streben gern ein Ziel an, aber sie spielen auch gern. Eigentlich ist für die Katzen das Spiel eine Art von Arbeit.

David Kherdian, ein mit dem Newberry Award preisgekrönter Autor und Dichter, hat viele Bücher über Katzen und ihr Verhältnis zum Menschen geschrieben. Als geübter Katzenbeobachter gelingt es ihm besonders gut, die Arbeitshaltung der Katzen zu beschreiben. Er meint, vielleicht nicht zu unrecht, dass Katzen die Kunst beziehungsweise den Akt des Beobachtens als Teil ihrer Arbeit sehen. Sein Gedicht *The Cat* spricht von diesem beneidenswerten Zustand der Gnade, in dem die Katze alles sieht und so Teil von allem wird, denn »sehen heißt sein«.

Kleine Katzenkunde

Casey ist eine Amerikanische Kurzhaar, eine typische Straßen-, Scheunen- und Landkatze. Die Amerikanische Kurzhaar ist ein wenig schwerer als ihre britischen Vettern, hat einen längeren Hals, längere Beine und ihr Kopf ist schmaler. Die Zucht wurde bereits 1904 anerkannt, als die Kreu-

131

zung zwischen einer Britisch Kurzhaar und der gewöhnlichen kurzhaarigen amerikanischen Katze zu einer völlig neuen Yankee-Katze führte.

Die meisten Fachleute sind sich darin einig, dass diese Katze vor Freude förmlich vibriert, wenn sie arbeitet. Laut *Cat Facts* von Marcus Schneck und Jill Caravan ist diese amerikanische Katze der Inbegriff des Pioniergeistes dieser Nation. Es handelt sich um eine tapfere, neugierige Katze mit einer Arbeiter-Mentalität, die viel Auslauf braucht und im Freien herumstreifen muss. Sie ist immer dazu bereit, etwas zu tun, was auch immer. Die Amerikanische Kurzhaar ist am glücklichsten, wenn sie aktiv sein kann.

Die Frage nach der Arbeitsmoral der Katze taucht in Katzenliteratur aller Art auf und in allen Ländern unter der Sonne. Sie ist der Mittelpunkt der besten Katzenlegenden. *Der gestiefelte Kater* gehört in diese Kategorie, ebenso *The Cat Who Walked Away* von Rudyard Kipling oder Mark Twains komische Erzählung *Dick Baker's Cat*.

Was Katzen tun, das tun sie überaus gut und scheinbar mühelos. Zen-Schülerinnen und -Schüler haben sich schon oft von den vielen Talenten ihrer Katzen anweisen lassen.

Wie immer ihre Tätigkeit aussehen mag – schlafen, essen, spielen, arbeiten –, die Katze befindet sich dabei in einem äußerst wachen Geisteszustand. Selbst im Schlaf ist die Katze wach. Schon das winzige Kätzchen zeigt uns, wie selbstverständlich es in einem Schuh schlafen kann. Der alte Kater beweist, dass sich ein trockenes Vogelbad im Sonnenschein ebenso gut als Bett eignet wie ein Wellblechdach oder ein Stapel alter Zeitungen. Das macht die Leichtigkeit der Katze aus und begründet unser unablässiges Interesse an ihr.

Die Vorstellung, dass eine Katze nicht länger nützlich ist, wenn sie nicht mehr arbeitet, resultiert aus einer tief greifenden Veränderung der menschlichen Einstellung ihr gegenüber. Lange nachdem die Tage der Katzenverehrung vorüber und die fruchtbaren Mythen aus Bubastis nur noch eine schwache Erinnerung waren, wandten sich die Menschen in Europa immer noch an die Katze, wenn sie Hilfe bei Opferritualen brauchten. Da sich die Gesellschaft des 12. Jahrhunderts um die Aufgabe des Pflanzens und Erntens organisierte, war die Arbeitskatze als Mäusejägerin nötig. Aber aufgrund ihrer früheren Wertschätzung als Göttin wurde sie auch geopfert, damit der wohltätige Katzengeist über das Korn und das Getreide und selbst die Weinbergtrauben wachte.

Die Katzenhäutungen und -verbrennungen, die 100 Jahre später mit den Hexenverfolgungen einhergingen, standen daher immer noch in Übereinstimmung mit dem Katzengeistbewusstsein. Die Leute glaubten immer noch an die Macht der Katze, obwohl man sie nun für bösartig, nicht für gut hielt. Das arme Tier wurde durch Religion, Angst, Aberglaube und das Bedürfnis, die Schuld an der Schwarzen Pest einem Sündenbock zuzuschreiben, gequält.

Heute wird mit der Rolle der Katze als Arbeitstier viel weniger verbunden als früher. Dennoch: Katzen sollen uns immer noch verzaubern, das ist eine ihrer Aufgaben. Darüber hinaus wurden noch in den Sechzigerjahren Katzen in den Vereinigten Staaten bei der Post und auf Bahnhöfen eingesetzt, um die lästigen Ratten zu bekämpfen. Auch in Neuseeland wurden in den Vierzigerjahren Katzen auf Postämtern eingesetzt, um die Ratten zu fressen, die die Briefe anknabberten. Sie tauchten sogar auf den Gehaltslisten auf und erhielten einen Futterbeitrag. Außerdem weigerten sich Schiffsversicherungen in Neuseeland, Schadensersatz für Frachtgüter zu zahlen, die von Ratten gefressen wurden, außer der Eigner konnte nachweisen, dass Katzen an Bord waren. In den Sechzigerjahren wurde einer Rattenplage auf burmesischen Reisfeldern Einhalt geboten, als man mit Fallschirmen ein Geschwader Singapur-Katzen abwarf.

Offensichtlich ist die Verbindung zwischen Katzen beim Spiel und Katzen bei der Arbeit entscheidend für unser Verständnis der Katzen im Allgemeinen. Eine »arbeitslose« Katze scheint auf den ersten Blick ein lustiger Scherz, aber in Wirklichkeit müssen wir feststellen, dass daran nichts komisch ist. Die Katze ist uns ebenso ergeben wie der Hund und sich gleichermaßen ihres Verlangens bewusst, unseren Anforderungen zu genügen. Garfield, der missmutige, arbeitsscheue Kater von Cartoon-Weltruhm, hat ein Problem – er ist zweifelsohne arbeitslos.

Die engelsgleiche Katze

Türkische Angora

In der praktischen Magie ist die Katze häufig Fetisch, Glücksbringer, Maskottchen, Talisman oder Amulett (Fernand Méry). Katzen sind im Sagenschatz des Glücks enorm wichtig. In Frankreich und Deutschland gehörten zu einem Katzenopfer auch Katzenbeerdigungen in den Kornfeldern. Umgeben von Blumen wurden die Katzen in ihr Grab gelegt, in der Hoffnung, den Geist des Korns gnädig zu stimmen.

Der Sagenschatz Finnlands kennt Geschichten von Katzenengeln, die die Seelen der Toten in die nächste Welt tragen. Und ebenso wie es im Süden der Vereinigten Staaten vor schwarzen Katzenteufel-Geschichten nur so wimmelt, findet man in den Ozark Mountains Geschichten von weißen Katzen, die Menschen gerettet haben. Im Allgemeinen spiegeln diese Erzählungen den weitverbreiteten Glauben wider, dass weiße Katzen gut und schwarze Katzen schlecht sind – das heißt, was das Glück angeht. In manchen Gebieten Asiens hat die weiße Katze sogar einen Zustand der Seligkeit erlangt.

Als die Alliierten im Zweiten Weltkrieg versuchten, Versorgungslinien in Burma aufzubauen, führten die Japaner eine erfolgreiche Propaganda-Kampagne gegen die vordringenden Streitkräfte. Gleichgültig, wie viel die Alliierten den Burmesen auch bezahlten, innerhalb weniger Tage ließen diese ihre Arbeit liegen, Straßen blieben ungebaut, Versorgungslinien unbeendet. Schließlich schickte ein englischer Colonel, der die örtlichen Gebräuche kannte, seine Soldaten in das umliegende Land, um so viele weiße Katzen zu sammeln wie möglich. Die Soldaten wurden auch angehalten, auf alle Militärfahrzeuge weiße Katzen zu malen. Mit ihrem Segen waren die alliierten Streitkräfte kurz darauf in der Lage, die Straßen mit der vollen Kooperation der burmesischen Bevölkerung rechtzeitig fertig zu stellen.

Die weiße Katze und ihre überirdischen Eigenschaften sind geradezu berühmt. So werden Albino-Tiere von Naturvölkern für gewöhnlich als etwas Besonderes behandelt, denn Weiß ist die Farbe der Wolken, der Sonne, des Schnees.

Die folgende Geschichte untermauert den asiatischen Mythos von der weißen Katze, die aus dem Nichts auftaucht, um den Bedürftigen beizustehen:

Nachdem Hurrikan Andrew den Süden Floridas verwüstet hatte, kam unsere Freundin, die Künstlerin Mariah Fox, mit einigen Bekannten vorübergehend in einer Er-

136

satzwohnung unter (ihre eigene Wohnung war von den gewaltigen Winden, die mit 190 Meilen pro Stunde über das Land fegten, völlig zerstört worden). Eines Tages entdeckte sie dort vor der Tür eine graue Katze. Das Tier spazierte herein und schrie hungrig. Mariah sah sofort, dass die Katze schwanger war. Also gab sie ihr etwas Katzenfutter, während sie einer fröhlichen Melodie von Ziggy Marley und den Melody Makers im Radio lauschte und die halb verhungerte Katze auf einem Sonnenstrahl balancierte. Das Lied war fröhlich und hoffnungsvoll und erinnerte alle daran, dass alles wieder gut werden würde. Irgendwie hatten sie den Sturm überlebt und das Leben würde trotz der schrecklichen Zerstörung überall weitergehen wie zuvor.

Mariah war ebenfalls schwanger und sie hatte das starke Bedürfnis, für jemand anderen zu sorgen. Die Katze schien das ungeborene Kind zu repräsentieren, das sie unter dem Herzen trug. Der Name Bright Day erschien ihr perfekt, denn sobald die Katze sauber war, strahlte sie leuchtend weiß.

Die Tage und Wochen des Wiederaufbaus zogen dahin und Miami versuchte wieder auf die Beine zu kommen. Mariah und Bright Day verbrachten viel Zeit zusammen. Mariah schrieb:

»Ich habe einen guten Geist, der mir durch diese Schwangerschaft hindurchhilft. Nein, keine menschliche Freundin – eine Katze. Ich nenne sie Bright Day. Wir haben einen kleinen transportablen Generator, der viel Krach macht, aber zumindest gibt es Strom in der Wohnung (ein Zimmer, sechs Leute) hier in Kendall, in dem einzigen Raum, der in dem völlig verwüsteten Haus noch intakt ist. Wir haben auch etwas Reis in einer Plastikmülltüte und ich glaube, wir sind die einzige Familie im ganzen Viertel mit fließendem Wasser. Alles sieht furchtbar aus, nirgends stehen mehr Bäume, nur zerbombt aussehende Gebäude, als ob ein schrecklicher Krieg gewütet hätte. Doch uns geht es allen gut, das Baby ist wohlauf und meine Katze wird bald kleine Kätzchen bekommen. Es scheint, als ob sie am selben Tag niederkommen wird wie ich. Das Telefon funktioniert immer noch nicht. Ich rufe an, sobald die Leitungen wieder stehen.«

Einige Tage nachdem wir diesen Brief erhalten hatten, rief Mariah an, um uns mitzuteilen, dass die Telefone wieder funktionierten. Sie war ganz außer Atem und hatte Neues von ihrer besonderen Katze zu berichten.

»Ich muss euch sagen, dass Bright Day wirklich ein Engel ist. Nein, im Ernst, ich glaube, sie ist ein Engel. Wisst ihr, wir leben hier mit vier jamaikanischen Männern zusammen, ich bin die einzige Frau. Es ist ziemlich einsam, wenn man schwanger ist und es weit und breit keine anderen Frauen gibt. Aber die Katze scheint zu verstehen, wie ich mich fühle, und sie bleibt immer bei mir. Sie ist eine weiße Schneeflocke in einer ausgebrannten subtropischen Stadt. Ich habe das Gefühl, dass sie hier ist, um meine Stimmung zu heben, und das bringt sie auch immer fertig. Manchmal weine ich sehr, was mit der ganzen Situation zu tun hat. Ihr könnt euch gar nicht vorstellen, was sich hier abgespielt hat. Am schlimmsten war die Nacht, bevor der Wind kam und es leise wurde, doch in der Luft schon diese furchtbare Bösartigkeit lag, als ob die Apokalypse nahte. Und, naja, sie kam dann ja auch, nicht wahr?«

Ein anderes Mal rief sie an und teilte uns mit, dass Bright Day nachts nach draußen ging und zwischen den am

Boden liegenden Fikusbäumen im Park auf den Hügeln am See herumwanderte.

»Die Frösche quakten und ich schaute aus dem Fenster. Da sah ich Bright Day in der Dunkelheit, das einzige, was sich in dieser schwarzen Ödnis von geknickten Bäumen bewegte. Sie war wie ein Wattebausch, nein, wie ein Stück silberner Seidenstoff, den jemand verloren hat. Und sie tauchte auf und verschwand wie der Wind, als ob sie Flügel hätte – stellt euch vor, eine Katze mit Flügeln, eine Engelkatze!«

Als wir Mariah nach einigen Wochen besuchten, fanden wir Bright Day wie beschrieben vor – eine Art Wunderkatze, die weißeste Katze, die wir je gesehen hatten. Sie war absolut wolkengleich, schneeweiß, milchig, mit der Farbe der Sonne.

Am liebsten hörte Bright Day Menschen bei deren Unterhaltungen zu. Sie legte ihren Kopf schräg und lauschte aufmerksam, versuchte, jede Nuance einzufangen, jede Silbe der menschlichen Sprache.

Mariah wohnte zu dieser Zeit schon in ihrer neuen Wohnung. Diese lag im ersten Stock und hatte einen Balkon. Bright Day, die eine Vorliebe für nächtliche Wanderungen besaß, sprang auf eindrucksvolle Weise vom Balkon auf einen Baum und vom Baum auf den Boden. Sie tat das so schnell, dass es den Anschein hatte, als ob sie flog. Dann vollführte sie diesen einsamen Tanz auf den abgeholzten Hügeln am See, wobei sie manchmal auf zwei Beinen stand und einen Augenblick Walzer zu tanzen schien. Dann sprang und rannte sie herum und blieb zwischendurch abrupt stehen. Ihr Schwanz bewegte sich vor und zurück und den Kopf hatte sie zu den Sternen erhoben.

Mariah, die sie mit uns zusammen beobachtete, sagte: »Es ist, als ob diese Katze ein Engel wäre. Schaut, sie will zum Himmel fliegen.«

Eines Tages, kurz vor ihrer Niederkunft, schickte Mariah uns eine Zeichnung von Bright Day. Darunter schrieb sie die folgende Nachricht:

»Ich glaube, an meiner Seele ist ein silberner Faden befestigt. Es ist eine Silberschnur, stark und doch zart, die sich von meiner Seele zu den Sternen zieht, wenn ich dorthin reisen möchte. Er besteht aus Leben und Lernen und wird von den Menschen zusammengehalten, die mit mir verbunden sind, aus früheren Leben und aus dem jetzigen. Ich weiß, dass Bright Day jemand ist, der mir einst viel bedeutet hat, vielleicht ein Mensch aus einer anderen Zeit. Jetzt ist sie eine Katze – eine schneeweiße, federleichte, daunenhafte Katze, die Teil meines silbernen Seelenfadens ist. Sie hat mir nie gesagt, wer sie war – aber das frage ich mich ständig.«

In der Nacht, in der Mariah niederkam, gebar auch Bright Day ihre Kätzchen. Sie warf sie in einer braunen Schachtel im Schrank und Mariah bekam Shai, ein wundervolles, sieben Pfund schweres Mädchen, im Krankenhaus. Die Familie aus Katzen und Menschen wurde einige Tage darauf wiedervereint. Es war eine glückliche Zeit für alle. Wir hielten Shai über die Schachtel mit den Kätzchen und sie hörte sie miauen, drei Schneeflocken und eine Dunkle. Und Bright Day sah zu uns mit diesem unnachahmlich stolzen Gesicht einer Katzenmutter auf und lächelte so stark, dass ihre Augen mandelförmig wirkten. An diesem Abend sahen wir sie zum letzten Mal. Am folgenden Tag war sie verschwunden, mitsamt Kätzchen. Sie muss die

Kleinen eins nach dem anderen erst zum Balkon und dann zum Baum getragen haben und anschließend... tja, wohin immer sie gehen wollte.

Am nächsten Tag suchten wir überall nach einer Spur von ihr. Mariah sagte ohne Bedauern:

»Sie kam im Kielwasser dieses furchtbaren Sturmes, ein Engel, der mich trösten sollte. Sie hat mir nie gesagt, wer sie war, und jetzt ist sie nur noch eine Erinnerung und ein Traum. Aber sie wusste immer, was ich dachte und fühlte, und ihr wisst, wie tröstlich das gerade für eine Schwangere ist. Jetzt ist sie so verschwunden, wie sie gekommen ist, fast, als wäre sie nie hier gewesen. Aber wann immer ich den Song von Ziggy Marley höre, muss ich an sie denken und wie sie aus einer höheren Sphäre zu uns kam und uns half, unser zerstörtes Leben wiederaufzubauen.«

Kleine Katzenkunde

Die Türkische Angora ist eine schlanke, langbeinige, hübsch gebaute Katze. Stellen Sie sich ein Fell wie weiße Seide vor, den Blick einer Sphinx, die Stimme eines Engels. Wenn wir mit Bright Day sprachen, reagierte sie darauf mit höchster Aufmerksamkeit, manchmal zirpte und zwitscherte sie wie ein Vogel. Wenn wir ihr traurige Dinge sagten, antwortete sie mit einem mitleidvollen Maunzen.

Die Türkische Angora stammt ursprünglich aus Ankara, wo man diese exotische Rasse seit langer Zeit züchtet. Im 16. Jahrhundert wurde sie nach Europa gebracht, wo sie Anteil an der Züchtung der Perserkatze hatte, jener Rasse, die die glücklose Angora an Ruhm übertroffen und beinahe ausgelöscht hätte. In der Türkei stellte man diese Katze als gefährdete Art bis nach dem Zweiten Weltkrieg unter den Artenschutz, doch dann erlebte sie ein eindrucksvolles Comeback. In den Sechzigerjahren wurde die Türkische Angora sogar in Amerika populär.

Diese Türkische Angora, die meistens auf einen einzigen Menschen fixiert ist, gibt es in vielen Farben. Die Black Smoke besitzt beispielsweise ein weißes Fell mit schwarzem Tipping und orangefarbene Augen. Die Calico hat ein weißes Fell mit schwarzen und roten Flecken und orangefarbene Augen. Der Kopf ist lang und keilförmig und wird von einer langen königlichen Nase akzentuiert. Ihre mandelförmigen Augen verhalfen der Katze zu dem Ruf, in die menschliche Seele schauen zu können.

Das Lächeln der Angorakatze Bright Day schien zu sagen: »Es ist sehr schön hier und deshalb wird alles wieder gut.« Trotz ihres Mutes und ihrer offensichtlichen Weisheit schien sie ein wenig naiv, wie eine Debütantin, die etwas zu früh auf die Bühne der Welt getreten ist. Ihre Unschuld spiegelte sich auch in ihrer Schelmenhaftigkeit wider. Bright Day war eine Akrobatin, die aus dem Stand bis zum Gesicht eines Menschen hochspringen konnte, sich wieder fallen ließ und mit ihrem Schwanz zuckte vor Vergnügen. Während die Türkische Angora, die eher eine Wohnungskatze ist, mangelnden Komfort gar nicht schätzt, war dies bei Bright Day überhaupt nicht der Fall. Ihre Abenteuer im Freien verschmutzten immer ihr Fell, bis es mausgrau war. Sie schien sich aber nicht bewusst zu sein, dass ihr eigentlich makellos weißes Kleid dann ruiniert war.

Niemals zuvor sind wir einer derart ungewöhnlichen Katze begegnet. Als sie fortging, wussten wir irgendwie, dass wir eine wie sie auch niemals wieder sehen würden.

Vielleicht war sie wirklich ein Engel, einen Augenblick lang gefangen im Fell einer Katze, sich fragend, wo der Weg zurück in den Himmel zu finden sei. Auf jeden Fall vermissen wir sie.

Schwarze Katzen wurden oft als Regenbringer betrachtet, da ihre Farbe einer Ansammlung dunkler Wolken ähnelt (auf Sumatra werfen die Frauen eine schwarze Katze in den Fluss, wenn sie Regen oder eine fruchtbare Ernte heraufbeschwören wollen). Weiße Katzen aber wurden für gewöhnlich mit der Sonne identifiziert. In der Mythologie ist die weiße Katze ein Tier mit zwei Geschlechtern: Weiß ist das Sonnenlicht oder der Phallus, der die Erde durchdringt. Diese wiederum stellt symbolisch gesehen die weibliche empfangende Vagina dar.

Dänische und keltische Sagen erzählen, dass eine weiße Katze die Jungfrauen besucht und ihnen ihren Segen gibt. Man hält sie für eine Art gütige Taufpatin. Auf Sizilien teilt die Heilige Martha, die Schutzheilige des Heimes, ihre häusliche Segenskraft mit ihrer Katze.

Weiße Katzen werden im Allgemeinen mit der Erlösung von Beschwernissen, Leiden, Entbehrungen und Strafen in Verbindung gebracht. Sie sind als Symbol für Tugend, Jungfräulichkeit, Fruchtbarkeit, Schwangerschaft und Erfüllung tief im kollektiven Unterbewusstsein verankert.

Die gesellige Katze

Norwegische Waldkatze

Hier haben wir es mit einer lustigen Katze zu tun, die gern mit anderen Tieren zusammen ist. Und während sie manche Eigenschaften ihrer Freunde annimmt, verliert sie einige ihrer eigenen. Man könnte sie auch Spottdrosselkatze nennen, wenn sie versucht, mit Vögeln zusammen vom Boden abzuheben, oder Hundekatze, wenn sie zu ihrem eigenen Nachteil allzu hündisch wird. Ach, was für verworrene Fäden sie spinnt, sie, die sich nur zu gern mit Tieren einer anderen Spezies anfreundet.

Der Katzenautor Michael Marseglia erzählt von der Spottdrosselkatze, die auf seiner Vogelzuchtfarm im Südwesten Floridas auftauchte und sich dort niederließ.

»Ein kleiner roter Fellball tauchte unter einem Auto auf und zeigte sich der Welt. Bald wurde offensichtlich, dass Tiger, wie wir den kleinen Kater nannten, für immer bleiben würde. Aber anfangs ermutigten wir ihn nicht, wir fütterten ihn auch nicht, da ein großer Teil unseres Geschäfts in der Aufzucht von Vögeln bestand – Nymphensittiche, Kanarienvögel, Agarporniden, Papageien und Zebrafinken. Wir besaßen einmal über eintausend Vögel. Darüber hinaus hielten wir noch eine Anzahl von Hühnern der verschiedensten Rassen. Ein Kater unter all diesem unterschiedlichen Geflügel stellte eine überaus reale Gefahr dar.

Freunde und Tierliebhaber warnten uns, dass wir die streunende Katze lieber füttern sollten, bevor sie sich über unsere Vögel hermachte. Bis zu diesem Zeitpunkt hatte sich Tiger von kleinen Nagetieren oder den Körnern ernährt, die er in unseren Hühnerhöfen fand. Er kam auf das Grundstück, indem er eine absterbende Pinie herunterkletterte, die mitten im Hühnerstall stand. Wir hatten im Dach des Hühnerstalls ein Loch für die Pinie, die wir nicht fällen wollten, gelassen (die jedoch letztendlich von den Hühnern zerstört wurde, indem sie ihr allzu viel Stickstoff zuführten).

Tiger gelangte in den Hühnerstall, indem er sich akrobatisch zwischen dem Baumstamm und dem Maschendraht hindurchzwängte. Hinaus kam er auf dieselbe Weise. Die Hühner erlitten keinen Schaden durch seine Anwesenheit und sie gerieten auch nicht in Panik. Er wollte nur seinen Anteil an ihrem Futter und etwas Wasser – und das gestatteten sie ihm großzügig. Als uns klar wurde, dass Tiger den Hühnern kein Leid zufügte, kamen wir zu dem Schluss, dass er den Tropenvögeln wahrscheinlich auch nichts antun würde. Also lockten wir ihn mit Thunfisch und schließlich mit Katzenfutter ins Haus.

Heute ist Tiger so zahm wie jedes Kätzchen, das in einer Schuhschachtel im Schrank zur Welt gekommen ist. Und er ist viel liebevoller als die meisten zahmen Katzen, die ich kenne. Aber zurück zu meiner Geschichte: Tiger schien vom ersten Tag an zu wissen, dass unsere Hühner und unsere Vögel für ihn tabu waren; nicht die wilden Vögel, nur unsere Exemplare in den Käfigen. Eines Tages fand bei uns eine Party statt. Die Kinder liefen über unser Grundstück. Als sie zu unseren Tropenvögelkäfigen kamen, öffneten einige von ihnen die Käfigtüren und unzählige Finken stoben ins Freie.

Natürlich regten wir uns darüber ungeheuer auf. Doch viele der Vögel blieben auf dem Hof und wir konnten sie mit Netzen einfangen. Erstaunlicherweise wurden andere von Tiger gefangen. Er schlich sich an die Zebrafinken heran, nahm einen von ihnen in sein Maul, trug ihn vorsichtig zu unserer mit Fliegengitter umzäunten Veranda und wartete mit einem gedämpften Maunzen, bis einer von uns die Tür öffnete. Dann spazierte er auf die Veranda und ließ den Finken auf den Boden fallen, wo wir ihn mit einem Netz einfingen. Tiger brachte schätzungsweise zwanzig bis dreißig Zebrafinken zurück und kein einziger wurde dabei verletzt. Er schien zu wissen, dass diese Finken, die uns gehörten, etwas Besonderes waren und dass sie die vorsichtigste Zustellung zurück in unsere Hände benötigten.«

Eine andere Art von Spottdrosselkatze wird von der Katzenessayistin Harriet Spofford beschrieben. Diese Katze lebte in einer Scheune und brachte kleine Kätzchen zur Welt, die aus irgendeinem Grund beschlossen, sich im Hühnerhaus häuslich niederzulassen. Die Kätzchen fraßen mit den Hühnern und stritten sich mit ihnen um jeden

Leckerbissen. Sie machten es sich in den Eiablageboxen gemütlich und rückten nicht beiseite, wenn die Hennen kamen, um ein Ei zu legen. Offensichtlich hatten sie keine Ahnung, dass sie selbst keine Küken waren.

Helen M. Winslow, die Autorin von *Concerning Cats*, erzählt von einer Katzenfamilie, die sich mit einem Hofhund anfreundete. Die Katzen und der Hund schlichen sich häufig ins Dachgeschoss der Scheune, wo die Familie ihre Zwerghühner hielt. Sie setzten sich »mitten zwischen die Zwerghühner und deren Brut und beobachteten sie stundenlang. Nie berührten sie die Küken, außer wenn die Kleinen müde wurden und unter den Flügeln ihrer Mutter ein Nickerchen machen wollten: dann schoben die Katzen vorsichtig ihre Vorderpfoten unter das Federkleid der Hennen und schreckten die Küken auf, die in alle Richtungen davonrannten, womit wieder Leben in die Bude kam. Die Katzen dachten nicht im Traum daran, die Küken zu fangen.«

Ungewöhnliche Beziehungen, Partnerschaften und Freundschaften sind in der Tierwelt nichts Seltenes. In unserem Buch *The Mythology of Dogs* erzählen wir die Geschichte einer Dänischen Dogge, deren beste Freundin eine Maus war. Diese beiden lustigen Gesellen füllten einige Zeit lang die Klatschspalte der *Denver Post*. Man könnte fragen, ob die Dogge in dieser ungewöhnlichen mehrdimensionalen Beziehung wusste, dass sie groß war und ihre spezielle Freundin klein. Diese Frage ist jedoch ebenso überflüssig wie die Überlegung, ob Tiger wusste, dass seine Zebrafinken-Freunde essbar waren oder nicht. In nicht feindseligen, das heißt unbedrohlichen Situationen scheint für Tiere die Größe jedenfalls kein Thema zu sein.

Die Norwegische Waldkatze ist eine liebenswerte große, flauschige Katze aus Skandinavien (sie besitzt Deckhaare und ein Unterfell). Mit ihren langen Krallen und großen Pfoten kann sie ebenso gut auf Felsen wie auf Bäume klettern. Der Schwanz ist von mittlerer Länge, aber dicht behaart, und auch die Halskrause ist üppig.

Diese Katze ist als vollendete Jägerin bekannt, und wenn sie die Gelegenheit dazu erhält, erjagt sie sich ihr Fressen selbst. Michael Marseglias Tiger ist ständig auf Futtersuche, obwohl er jeden Abend frisch gekochtes Hühnchen bekommt. Dennoch schleppt er immer wieder Hasen und Palmetto-Ratten an und frisst sie auch.

In der Mythologie wird die Norwegische Waldkatze Freya zugeordnet, der nordischen Sonnengöttin, deren Feuerwagen von zwei Katzen himmelwärts gezogen wurde. Alle Bauern, die für streunende Katzen etwas Milch vor die Tür stellten, wurden von Freya belohnt, die auch die Liebenden segnete und die Ernte heiligte. Der Freitag ist Freyas Tag und gilt als der glücksverheißendste Tag für Hochzeiten. Man glaubte, dass Katzen eine Hochzeit vorhersagen konnten, und wenn am Tag einer Hochzeit eine Katze auftauchte, galt das als gutes Omen.

In Skandinavien wurde die im Freien jagende Katze zum Symbol winterlicher Einsamkeit und meditativer Versenkung am Feuer. In diesem Kontext entstand die Legende um die so genannte Butterkatze. Anders als die englische Scheunenkatze, deren Ruf als Konsumentin jedweden Milchprodukts ebenso negativ war wie ihr Ansehen als Mäusejägerin positiv, galt die Butterkatze als Wächterin der Butter. Dies bedeutet: Was immer diese Katze war oder ist, sie besitzt so viel Charme, dass sie für jeden und alles eintritt, selbst für ein Stück Butter.

Eine solche Katze soll angeblich auch die Trolle aus Lappland und Norwegen in die Niederlande verjagt haben. In der Geschichte heißt es, dass ein Bauer mit den Trollen immer ein Weihnachtsessen veranstaltete. Einmal baten ein Wanderer und sein zahmer Bär in der Nacht des Festes um eine Unterkunft. Ein Troll, der den Bär für die Katze des Bauern hielt, bot dem schlafenden Tier etwas zu essen an, woraufhin das träumende Tier ein furchterregendes Brummen erklingen ließ. Da Trolle sich vor Donner fürchten, rannten sie alle Hals über Kopf aus dem Haus des Bauern – auf ewig voller Furcht vor Katzen!

Die sprechende Katze

Orientalische Halblanghaar

Das altägyptische Wort für Katze lautet *Mau*, aber der Name, der Jahrhunderte überdauert hat, ist *Pussi*. Dieser lässt sich auf Pascht, Bast und/oder Bastet zurückführen. Das chinesische Wort für Katze lautet ebenfalls *Mao*, aber manchmal auch *Miu*. Auf Französisch spricht man von *Minet*, *Minousse*, *Mimi* und im Deutschen von *Mieze* oder *Miezekatze*. So viele herrliche Namen für ein derart einzigartiges Tier und alle von ihnen sind onomatopoetisch, das heißt, sie erinnern an die Geräusche, die eine Katze von sich gibt. Das lässt vermuten, dass Katzen uns beibringen, wie man ihren Namen ausspricht, indem sie ihn für uns aufsagen.

Auf Hindustani bedeutet »Phis, Phis« so viel wie »Fisch, Fisch«. Auf diese Weise begrüßt man selbst heute noch ehrerbietig eine Katze. Kein Geräusch begeistert und erregt eine Katze mehr als dieses »Phis, Phis«, wenn man es auf höfliche und zischende Weise flüstert. Laut den Experten für Katzenlinguistik trägt das »Pussi, Pussi« etwas Schmeichlerisches in sich. Aber wir kennen auch Katzen, die wütend werden, wann immer sie dies hören. Im Allgemeinen verachten Katzen einen stillosen Gruß. Sie bleiben stehen und starren die Person empört an, wenn man sie damit stört oder erschreckt. »Pussi, Pussi« ist wahrscheinlich nichts anderes als eine uralte, billige Schmeichelei, für die jede Katze mit Selbstachtung nur Verachtung empfindet und fragt: Versuchst du etwa, mich zu bestechen?

Es scheint, dass »Miau« gleichbedeutend ist mit »Ich sehe dich, ich erkenne dich«. Kein Wunder, dass Katzen es nicht mögen, wenn Menschen, die von ihrer eigenen Fähigkeit, sich katzengleich anzuhören, ungeheuer beeindruckt sind, etwas so Offensichtliches ständig wiederholen. Außerdem ist hier von großer Bedeutung, wie man den zweisilbigen Gruß betont, denn je nachdem drückt er eine unterschiedliche Intensität des Sehens und Begrüßens aus. So betonen beispielsweise gerade Siamesen die zweite Silbe »au« viel stärker als andere Rassen. Ihre eigene Version des Sehens und Begrüßens ist häufig ein langgedehntes »Mia-rau-au«, das auf der letzten Silbe mit einem Quietschen endet. Diese sehr individuelle Verwendung des Miau ist eindringlich und kann alles Mögliche bedeuten: von einem »Hallo, du egozentrischer Mensch!« bis hin zu »Hallo, du hast mich noch nicht gefüttert!«.

Einige Autoren von Katzenbüchern bestehen darauf, dass Katzen im Allgemeinen nur dann reden, wenn es absolut notwendig ist. Stammt diese Gewohnheit von der Katze oder ist sie auf ihren vermeintlichen Besitzer zurückzuführen? Katzen, die nicht reden, werden unserer Meinung nach nicht häufig oder ernst genug angesprochen. Wir sind nämlich der Überzeugung, dass alle Katzen gern reden. Wenn Katzen still sind, dann haben wahrscheinlich ihre Menschen auch nichts zu sagen. Andererseits sind Katzen aber auch ausdrucksstärker in ihrer Körpersprache als in der verbalen Kommunikation.

Wie jeder Katzenliebhaber weiß, ist vor allem der Schwanz redselig. Was könnte eindeutiger sein als der zitternde, gesenkte, aufgestellte, ausgestreckte, ruckartig bewegte, wippende oder wackelnde Schwanz?

Hier die Erklärung einiger Warnzeichen, die Katzen uns mit ihrem Schwanz geben:

Ist der Schwanz gerade in die Luft gereckt, bedeutet das: Ich bin erwartungsvoll, erregt, bereit, mich zu amüsieren oder jemanden zu begrüßen.

Ist der Schwanz ausgestreckt und zuckt, bedeutet das einen Hauch an Irritation, je nach Schnelligkeit der Bewegung (je schneller die Bewegung, desto größer die Irritation).

Legt die Katze den Schwanz um den Körper, ist ihre Stimmung friedlich. Sie möchte nicht gestört werden und zieht einen Kreis um sich, eine schützende Absperrung, die sagt: Berühren verboten!

Ist der Schwanz auf Halbmast, so ist die Katze verwirrt und neugierig oder vielleicht auch auf der Suche nach etwas Ungewöhnlichem.

Ein zitternder Schwanz ist eindeutig eine Warnung: »Ich habe große Lust, meinen Ärger an jemandem von niedrigerem Status auszulassen, am liebsten an einem Hund.«

Wenn die Katze den Schwanz um die Hinterbeine wickelt, nimmt sie eine Angsthaltung ein, die den empfindlichen Regionen so viel Schutz wie möglich bietet.

Das sind nur einige wenige Katzenschwanzsignale und jedem Katzenliebhaber werden auf Anhieb noch ein Dutzend weitere einfallen. Die ausdrucksstarke Körpersprache der Katzen wurde in so vielen Büchern beschrieben, dass wir an dieser Stelle nicht näher darauf eingehen müssen. Doch die Vorstellung, dass Katzen einst wie wir kommuniziert haben, ist unsere Aufmerksamkeit wert. Der Fantasy-Autor Richard Brautigan ließ in den Sechzigerjahren ein paar boshafte und doch freundliche Tiger in seinem skurril-humorvollen Roman *In Watermelon Sugar* auftreten, die sich unter anderem intensiv und aristotelisch unterhielten. Hier ein Beispiel:

»Wir lebten alle zusammen in einer Hütte am Fluss. Mein Vater baute Wassermelonen an und meine Mutter war Bäckerin. Ich ging zur Schule. Ich war neun Jahre alt und hatte Probleme mit der Arithmetik.

Eines Morgens kamen die Tiger herein, während wir beim Frühstück saßen. Und noch bevor mein Vater zur Waffe greifen konnte, hatten sie erst ihn getötet und dann meine Mutter. Meine Eltern hatten nicht einmal die Zeit, etwas zu sagen, bevor sie tot waren. Ich hielt immer noch den Löffel mit Brei vor den Mund.

›Keine Angst‹, sagte einer der Tiger, ›wir tun dir nichts. Kinder sind vor uns sicher. Bleib einfach dort sitzen, dann erzählen wir dir eine Geschichte.‹

Einer der Tiger verspeiste meine Mutter. Er biss ihr den Arm ab und kaute darauf herum. ›Was für eine Geschichte würdest du gern hören? Ich kenne eine schöne Geschichte über einen Hasen.‹

›Ich möchte keine Geschichte hören‹, sagte ich.

›Na gut‹, meinte der Tiger und nahm einen Bissen von meinem Vater. Ich saß sehr lange mit dem Löffel in der Hand, dann legte ich ihn ab.

›Das waren meine Eltern‹, sagte ich schließlich.

›Tut uns Leid‹, erwiderte einer der Tiger. ›Ehrlich.‹

›Ja‹, sagte der andere Tiger. ›Wir würden das nicht tun, wenn wir nicht müssten, aber wir sind einfach dazu gezwungen. Nur auf diese Weise können wir am Leben bleiben.‹

›Wir sind genau wie ihr‹, meinte der andere Tiger. ›Wir sprechen dieselbe Sprache wie ihr. Wir denken dieselben Gedanken, nur dass wir Tiger sind.‹«

Brautigan ist hier wahrscheinlich auf eine mythische Goldader gestoßen. Die formale Redeweise der Tiere in den alten buddhistischen Texten erinnert uns daran, dass Tiger einst eine universelle Sprache gesprochen haben, die alle Lebewesen, auch die Menschen, verstehen konnten. Zudem rufen uns die Mythen unserer Ahnen ins Gedächtnis, dass große wie kleine Katzen das Es-war-einmal-Königreich nicht vergessen haben, in dem auch wir Menschen die Katzensprache beherrschten. Sylvia Townsend Warner, die englische Romanautorin, schreibt darüber in ihrem mythischen Meisterwerk *The Cat's Cradle Book*: Ihrer Meinung nach besteht die Schwierigkeit darin, die Katzensprache zu einer anerkannten Disziplin zu machen und die Leute davon zu überzeugen, dass etwas, das nur aus Miauen und gutturalen Lauten zu bestehen scheint, fein nuancierte Bedeutungen übermitteln kann. Eventuell könnten es Sinologen, die an eine tonale Sprache gewöhnt sind, noch verstehen.

Warners Roman, eine Sammlung von miteinander in Beziehung stehenden Kurzgeschichten über Katzen, handelt von einem jungen Mann, der die Katzensprache erlernt hat und sein Leben der Übersetzung der beliebtesten Katzenmythen widmet. Unglücklicherweise sterben jedoch alle seine Katzen, eine nach der anderen, kurz bevor das große Werk sich der Vollendung nähert. Seine Informationsquelle ist damit versiegt. Die Bewahrung der Geschichte, der Sprache und der geheimnisvollen Verhaltensweisen der Katzen ist plötzlich gefährdet. So erfüllt sich der Ausspruch, dass die grundlegenden Worte der Welt der Katzen niemals gedruckt erscheinen dürfen. Die Katze muss schweigend regieren.

Vielleicht wissen die Katzen als Visionäre, dass auch die Sprache eines Tages aus dem menschlichen Bewusstsein verschwinden wird und wir in telepatischer Glückseligkeit leben werden. Warten die Katzen, die eine Sprache, wie wir sie kennen, bereits abgelegt haben, nur auf diesen Tag? Ist das gemeint, wenn es heißt, dass die Wölfe bei den Lämmern wohnen werden (Jes 11,6)? Ein Einssein, bei dem menschliche Gedanken und tierische Gefühle symbiotisch erfahren werden? William Saroyan lässt seine Katze in dem Roman *Tracys Tiger* das letzte Wort der Stille haben.

»Lune«, sagte er.
»Wie meinst du das?«, fragte Tracy.
»Alune.«
»Das kapier ich nicht.«
»Ah lune.«
»Was soll das heißen?«
»Lunalune.«
»Sagt mir nichts.«
»Ah lunalune«, wiederholte der Tiger geduldig.
»Sprich Englisch, wenn du mir was sagen willst«, meinte Tracy.

»La«, sagte der Tiger.

»Das klingt fast Französisch«, erklärte Tracy. »Sprich Englisch. Du weißt doch, dass ich kein Französisch spreche.«

»Sola.«

»Solar?«

»So«, sagte der Tiger.

»Kürze die Wörter nicht ab«, bat Tracy. »Mach sie länger, damit ich mir zusammenreimen kann, was du mir sagen willst.«

»S«, sagte der Tiger.

»Das kannst du doch besser«, sagte Tracy. »Sprich jetzt oder sei still.«

Der Tiger war still.

Der Rest, wie es so schön heißt, ist Schweigen – und das ist im Fall der Katzen immer lauter als Worte.

Kleine Katzenkunde

Die Orientalische Halblanghaar, manchmal auch Mandarin genannt, ist eine Variante der Orientalischen Kurzhaar. In anderen Ländern, beispielsweise in Australien und Großbritannien, ist diese Katze auch unter den Namen Angora, Oriental, Javanese oder Balinese bekannt. Die Orientalische Halblanghaar ist eine elegante Katze, tigerhaft gestreift und redselig, und sie scheint sehr gut auf die mythische Beschreibung der schwatzhaften Tiger zu passen.

Diese Katze besitzt einen anmutigen langen Körper, ist aber auch kräftig und muskulös. Das Fell ist weich und seidig, Schwanz und Hals sind lang und dünn, das Gesicht ist

dreieckig. Die Augen sind mandelförmig und zur Nase hin
schräggestellt. Die Farben der getigerten Version der Ori-
entalisch Halblanghaar sind Red Point, Cream Point, Tor-
tie Point, Blue-Cream Point und Violet-Cream Point. All
diese Versionen sehen luchsartig aus, das heißt, sie sind
gestreift wie ein Tiger. Als Vertreterin der »Mystischen
Orientalen« präsentiert sich diese Katze auf unterschiedliche Art, aber am häufigsten durch ihr Redetalent.

Die sprechende Katze sorgt in der Mythologie der amerikanischen Ureinwohner häufig für Unheil. Sie ist unter
dem Namen »Sanftpfotiger Bruder« bekannt und ist seit
den ersten Tagen ein Freund allen Lebens. Sie sprach zu
den Osage-Indianern.

Ich bin der männliche Puma, der auf der Erde liegt.
Das Wissen um meinen Mut ist im ganzen Land be-
kannt.
Der Gott des Tages sitzt in den Himmeln.
Ich sitze ganz nahe beim Gott des Tages.

Sie ist eine Sonnenkatze, Fürstin und Freundin des Himmels. Es überrascht nicht, dass die Inkas glaubten, eine
Katze würde den Vollmond zum Halbmond klein knabbern.

Old Bobcat, der alte Luchs aus den Indianermythen
Nordamerikas, ist ein ernstgesichtiger Bursche, der laut
einer Legende auf dem Mond mit einer Schamanin zu-
sammenlebt. Diese Seherin redete zu viel, darum wurde
sie dazu verbannt, ihre Tage an den kalten Feuern des
Mondes zu beschließen. Aus diesem Grund ist Old Bobcat
auch das Symbol der Stille.

Der spazierende und redende Tiger findet sich in vielen
Kulturen, einschließlich der Ostindischen (Little Black

Sambo) und der Irischen (Pangur Bán). Die Legende besagt, dass vor der Ankunft des heiligen Patrick in Irland alle Tiere fließend sprechen konnten, bis er sie stumm machte – nur die klugen Katzen flüchteten zum Gap of the North (zwischen Slieve Gullion und den Carlingford Hills) und entkamen. In der Legende heißt es weiter, dass einige der Katzen ruhelos wurden und nach Ägypten zogen, wo sie hoch verehrt wurden. Die Katzen, die vom Süden kommend nach Ulster geflohen waren, mussten nicht nach Ägypten, um sich zu retten, denn sie wurden schon lange in Irland verehrt. Die Gottheit Fir Bolg wurde auch *Cairbre cin cait* (Katzenkopf) genannt und war der Feind des gallischen Danann-Volkes.

Die einstmals so redselige Katze bedurfte nicht länger irgendwelcher Worte. Sie erblühte dank der machtvollen Magie der Gottheit. Die erste Katze, die namentlich genannt wurde, war in der Tat eine irische Mieze mit Namen Pangur Bán. Dieser Kater war der Freund eines Schreibers aus dem achten Jahrhundert, der im Kloster Carinthia lebte. Aus dem geheimnisvollen Blick der Katze kam eine Stimme, die den Geist des Mönchs beflügelte und zur Entstehung des Gedichts *Pangur Bán* führte. Es ist womöglich das erste veröffentlichte Katzengedicht in der Geschichte der Menschheit und seine acht Strophen sagen alles:

Pangur Bán

Ich selbst und Pangur Bán,
verfügen über eigene Kräfte.
Sein Streben gilt der Jagd,
meines der Kunst des Schreibens.

Mehr als am Ruhm liegt mir am Frieden,
an der Sorgfalt meines Buches.
Niemals missgünstig ist Pangur Bán,
ihm liegt nur an seiner kindlichen Kunst.

Es ist nie ermüdend, wenn wir beide
in unserem Heim zusammen sind,
unsere Interessen sind endlos, während wir
unser Können ausprobieren.

Oftmals, nach einer harten Jagd,
hängt eine Maus in seinen Zähnen,
während in meine Netze ein Gedanke fiel,
dunkel und schwierig.

Er umfasst mit seinem reinen klaren Blick
uns beide.
Ich richte meinen Blick,
schwach wie er ist, auf Wissen.

Er freut sich an der schnellen Tat;
eine Maus leblos in seinen scharfen Krallen.
Ich dagegen ergötze mich
an der Lösung eines dunklen Rätsels.

Wie lange wir auch zusammen fleißig sind,
keiner von uns stört je den anderen.
Jeder genießt sein eigenes Tun,
sucht sich seine eigenen Freuden.

Er ist der Herr und Meister, denkt er,
über sein eigenes Tagewerk.
Ich für meinen Teil bin nur gut,
Dunkelheit ins Licht zu bringen.

Ob im Schweigen oder im Gedicht, die Worte der Katze finden ihren Weg in unseren Geist und unser Herz. Die gesprächige Katze muss nicht schreiben können, um sich einen Platz in der Geschichte zu sichern.

Die verspielte Katze

Seal-Point-Siamkatze

Mit den Katzen ist es so eine Sache. Sie scheinen zu glauben, dass es viel besser ist, eine Katze zu sein, als keine Katze zu sein. Stammt daher der Ausdruck »so zufrieden schnurren wie eine Katze«?

Die überlegene Katze findet es einfach anbetungswürdig, das zu sein, was sie ist, eine *Felis domestica*. Dazu gehört in nicht geringem Umfang die Fähigkeit, zu spielen und selbst unter widrigsten Bedingungen Spaß zu haben.

Besonders in Siam übten die Jadetempel mit Sicherheit Einfluss auf das orientalische Naturell der Katzen aus. Einige Fachleute sind der Ansicht, dass sich die Siamkatze aus der Burma-Malay-Katze entwickelte, deren Schwanz nur halb so lang und durch eine Knochenverformung häufig eingerollt ist. Die so genannte königliche Siamkatze besitzt jedoch einen geraden Schwanz und angeblich einen ununterbrochenen Stammbaum, wenn es um den Anspruch auf den Thron geht.

Obwohl manche glauben, die Siamkatze sei die klügste Katze der Welt (wir kannten eine, die mit großem Entzücken die Toilettenspülung betätigte), gab keine Katze, der wir je begegnet sind, ein besseres Beispiel für die Kunst der Verspieltheit. Außerdem scheint keine Katze ihre Verzagtheit anmutiger von sich werfen zu können als die Siamkatze. Es ist einfach ein Vergnügen, wenn man zusieht, wie sie, bildlich gesprochen, ihre Krone zurechtrückt. Der japanische Dichter Issa aus dem frühen 19. Jahrhundert weiß, wovon er spricht, wenn er über den Mythos der verspielten orientalischen Katze schreibt:

Nach dem Schlaf steht die Katze auf,
gähnt, geht hinaus,
macht Liebe.

Ausgestreckt auf dem Ventilator,
die große Katze,
schläft.

Wenn wir über die Seal Point schreiben, sind wir herausgefordert, ihrer Anmut gerecht zu werden. Da ist sie und zeigt uns, wie man lebt. Indem sie auf einem Ventilator schläft, sagt sie: Sei cool, sei natürlich, sei gelassen. Und wenn Sie glauben, das sei nur eine Pose, dann denken Sie daran, dass die meisten Auseinandersetzungen mit Katzen darin enden, dass sie sich irgendwo ruhig hinlegen. Es ist einfach so, dass die Seal Point dies schneller tut als die meisten anderen. Sie zuckt mit den Schultern und spaziert dem, was sie quält, einfach davon.

Die verspielte Katze kann auf erstaunliche Weise die menschliche Psyche heilen. Wenn das Leben eine einzige Katastrophe ist, dann spottet sie nur darüber, indem sie anfängt zu spielen. Während eines tropischen Tiefs über dem Südwesten Floridas konnten wir beobachten, wie ein 17 Jahre alter Siamkater, der weit von zu Hause entfernt war, einfach das tat, was für ihn ganz natürlich war: Vom schlechten Wetter überrascht rollte sich der alte Kater behaglich ein, unter den Jasminranken, und machte ein Nickerchen im Regen.

Im Allgemeinen besteht die Kunst der Verspieltheit bei der Katze darin, sich in der Unsicherheit des Lebens zu entspannen und einen Ausweg aus geistigen und körperlichen Qualen zu finden. Der alte Kater, der in den Regen geriet, zog eine Schnute, setzte aber alles daran, seine Umgebung zu akzeptieren: Er ergab sich den Wassersalven, jedoch ohne von ihnen weggespült zu werden. Er rollte sich ein wie der Efeu, der sich um den Baum neben ihm rankte, und schloss die Feuchtigkeit so einfach aus. Sobald er wieder im Trockenen war, fing er an zu schnurren und sich zu säubern. Doch schon draußen, in den schweren Regenschauern des vorüberziehenden Sturms, machte er ein Nickerchen und saß es einfach aus.

Es ist vielleicht nicht klar erkennbar, worin bei diesem Verhalten der Zusammenhang der Ruhe mit der Verspieltheit bestehen soll, aber beides hat sehr viel miteinander zu tun. Das Annehmen der Natur ist eine spielerische Kunst. Wir müssen begreifen, dass alles durch Akzeptanz überwunden werden kann. Wenn wir eins werden mit unserer misslichen Lage, dann widersetzen wir uns ihr nicht länger. Dieser entspannte Zustand zeigt sich in der verspielten, der auf alles positiv reagierenden Katze. Was immer auch geschieht, sie ist dabei, macht mit und ist untrennbar damit verbunden. Wie viele Menschen kennen Sie, die zu ähnlichem Gleichmut fähig sind?

Die verspielteste Katze, der wir jemals begegneten, war eine Seal-Point-Siamkatze namens Soosic-poosic, was im Armenischen soviel bedeutet wie »weich, sanft«.

Soosic brachte uns viel darüber bei, wie wir bessere Menschen sein konnten. Aber das Beste, was sie uns vermittelte, war, wie man in der Gegenwart lebt, wie man jeden Moment genießt, als ob alles, was man tut, eine große Belohnung wäre, ein Ziel an sich.

In all der Zeit, die wir Soosic bei uns hatten, wussten wir nicht, dass der Krebs sie langsam auffraß. Laut unserem Tierarzt litt die Katze aufgrund ihrer Katzenleukämie ständig an Schmerzen und doch zeigte sie das nie oder ließ auf irgendeine Weise erkennen, dass sie nicht bei bester Gesundheit war. Nur durch eine zufällige Untersuchung fanden wir es heraus. Bis zu ihrem letzten Atemzug brachte Soosic uns bei, das Leben für ein herrliches Spiel zu halten. Und es war Soosic, die uns lehrte, Verstecken auf Katzenart zu spielen. So, wie sie es spielte, war es geheimnisvoll und magisch und ziemlich schwierig aus menschlicher Sicht.

Soosic bestand darauf, dass wir in den Wäldern hinter unserem Haus Verstecken spielten. Sie zeigte uns, dass es auf Entfernungen nicht ankam. Wichtig war nur das vollkommene Versteck, ein unentdeckbares Versteck. Wir hielten uns weit weg in einem Feld verborgen oder irgendwo hinter einem riesigen, mit Moos bewachsenen Felsen oder auf einem Ast im Baum, hoch über dem Boden. Wo immer wir uns jedoch versteckten, die Katze fand uns. Wohin auch immer wir gingen, was auch immer wir taten, Soosic fand uns.

Wir sahen sie schon von fern kommen. Sie ließ sich Zeit, zog gemächlich durch Dickicht und Gestrüpp, miaute, während sie sich langsam näherte, den Schwanz hoch erhoben, das Gesicht voller Erwartung und Vorfreude. Wenn sie uns gefunden hatte, ließ sie unweigerlich ein lautes Jaulen erklingen, dann kam sie schnurrend angesprungen, glücklich, uns an ihrem Lieblingsort zu haben, mitten im tiefsten Wald. Und natürlich war das eine großartige Gelegenheit für eine liebevolle Wiedervereinigung. Vielleicht lag darin auch die Quelle für Soosics Vergnügen an diesem Spiel, wie es auch Kinder stets so empfinden. Das Glück der Wiedervereinigung, der Entdeckung und der liebevollen Überraschung, das einer gefundenen Sache anhaftet. Und trifft das nicht auch auf das Spiel des Lebens zu? Zu suchen, zu finden und sich daran zu erfreuen?

Vor ihrem Tod spielte Soosic noch ein letztes Mal mit uns Verstecken. Danach legte sie sich erschöpft auf die Piniennadeln und schien, auf ihre eigene stille Weise, ihr Leben einfach auszuhauchen. Was für ein unermessliches Geschenk uns diese Katze gegeben hat, mit der Art, wie sie kam und ging, unser Leben betrat und es wieder verließ. Wir können immer noch ihre leisen Pfoten auf dem trockenen Oktoberlaub hören und sehen sie den bemoosten Steinweg heraufkommen. Die Erinnerung an ihre kleinen Pfoten vermittelt auch heute noch dieselbe Botschaft, die wir oft genug zu vergessen scheinen: Das Leben ist kurz, nimm es dir, solange du kannst.

Die Siamkatze kam wahrscheinlich um 1890 nach Amerika. Doch zuvor machte die königliche Familie von Siam die Katze einer adligen Engländerin zum Geschenk, die sie nach England mitnahm und dort züchtete. Die kurzhaarige Variante wird seit langem als eine der vornehmsten Vertreterinnen der Hauskatzenfamilie betrachtet. Doch aufgrund des Interesses an orientalischen Katzen betrieben amerikanische Züchter in den Zwanzigerjahren ständig Inzucht bei dieser feinen Katze, bis der Strang entkräftet war und das Tier beinahe ausgerottet worden wäre.

Erst die selektive Zucht ermöglichte der Siamkatze die Rückkehr an den ihr angemessenen Platz im Pantheon der Rassen. Und heute ist diese Katze wieder das, was sie einmal war: stolz, weise, liebevoll, Fremden gegenüber reserviert, ihrer Familie bedingungslos ergeben. Manche sagen, die Siamkatze sei die wichtigste Wächterkatze für Kinder, nicht zuletzt aufgrund der orientalischen Sage, dass sie einst lange Gespräche mit den Kindern des Kaisers geführt haben soll.

Die Seal Point ist beige mit einem hellen Braun auf dem Rücken und fast weißer Färbung auf dem Bauch. Die dunkleren Körperpartien finden sich, abgesehen von der Maske, an Beinen, Pfoten, Schwanz und Ohren. Die juwelblauen Augen sind am eindrucksvollsten, wenn die Katze regungslos verharrt oder sich an ihre Beute anschleicht.

Der Stammbaum der Siamkatze ist umstritten, bestenfalls ging er in den Jadenebeln von Bangkok verloren. Experten glauben, dass sie durch Kreuzung mit den königlichen Katzen Ägyptens, der vietnamesischen Annamitenkatze und der Burma-Malay-Katze entstanden ist. Letztere besitzt jenen geknickten Schwanz, den manche für das Merkmal der schlichteren Art der Straßenkatze von Siam halten. Zweifellos hat diese Katze in ihrer langen und ereignisreichen Geschichte alle Seiten des Lebens gesehen: den Glanz, das Unglück und das ganz schlimme Elend. Sie ist jedoch vertrauter mit den Thronsälen der Könige und den Postamenten der Priester als mit den dunklen Gassen von Burma oder den Gossen von Siam. Dennoch besitzt die Siamkatze eine liebenswerte, ausgelassene, flexible Straßenschläue, die Phantasievorstellungen von Prinzen wie von Bettlern zulässt.

Die Siamkatze wurde auch als Tempelkatze bezeichnet. Auf dem Rücken einiger hochgezüchteter Siamkatzen sieht man schwach rußige Schatten einer Markierung, eine Stelle, an der die Katze am Hals gepackt worden zu sein scheint. Die alten Sagen erzählen, dass diese Markierung auf dem hellen Fell der Katze von den rußverdreckten Fingern einer Gottheit stammen.

Der Mythologe M. Oldfield Howey glaubt, dass sich der Knick im Schwanz der Siamkatze durch eine Fabel erklären lässt, laut der das Tier versuchte, sich zwecks Erinnerung einen Knoten in den Schwanz zu machen. Oder sehen wir auch darin die Hand einer Gottheit?

Obwohl es schon hunderte von Jahren vor ihrer Reise nach Europa und Amerika im 19. Jahrhundert Siamkatzen gab, ist ihr Ursprung ebenso unklar wie ihre geheimnisvollen Markierungen. Zweifelsohne gehört jedoch die Burmakatze zu ihren Vorfahren.

Im Tempel von Lao-Tsun in den Bergen des nördlichen Burma umgaben sich auch die letzten der *Kittahs*, der Priester, mit heiligen Tempelkatzen. Sie glaubten, dass die menschliche Seele nach dem Tod in eine Burmakatze überwechselt, deren Pfoten in Weiß getaucht waren, deren

Topasaugen sich Saphirgrün färbten und deren schnee-
weißes Fell die Haut einer goldenen Gottheit widerspie-
gelte.

Dieser Mythos hat große Ähnlichkeit mit der Sonne-
Mond-Kosmogonie des alten Ägyptens, denn die Katze
der Sonne ist golden und die Katze des Mondes ist silber.
Natürlich ist Gold immer wünschenswert: als Symbol ist
es unvergänglich. Es überrascht daher nicht, dass die Siamkatze zu den langlebigsten Katzenrassen gehört und
leicht über zwanzig Jahre alt werden kann, manchmal
sogar dreißig Jahre.

Die heruntergekommene Katze

Amerikanische Hauskatze

Einige Katzen sind nicht ganz so schön von Gestalt. Doch auch diese unglücklichen und untypischen Katzen, deren Pech es ist, benachteiligt zur Welt zu kommen, besitzen ihre eigene Mythologie. Der Schriftsteller Geoff Lalagy erzählte uns von einer Katze namens Skrag (Knochengestell), die er einst kannte. Nach seinen Worten die traurigste Katze, die jemals lebte.

»Skrag sah furchtbar aus, das muss einfach mal gesagt werden. Sie stand eines Wintermorgens vor unserem Haus, bis wir sie hereinließen und ihr eine Schale Milch gaben. Ein Gang zum Tierarzt brachte den Beweis, dass es bei der

Rettung von Skrags Leben nicht nur um Antibiotika und Futter ging. ›Diese Katze hat etwas an sich‹, sagte der Arzt und tastete ihren dürren Brustkorb ab. Dann fügte er hinzu: ›Das arme Tier ist verformt... irgendwie missgestaltet.‹ So bekam sie ihren Namen: Skrag. Sie hatte metallischgraue Streifen, grüne Augen und ein lustiges, leicht schiefes Lächeln, bei dem nur ein einziger Zahnstumpf sichtbar wurde. Skrag litt neben vielem anderen unter übler Schlaflosigkeit. Sie blieb aufrecht sitzen, wohin immer man sie setzte, und sie gab dieses statische Schnurren von sich, das sich ein- und ausschaltete, als ob sie keinerlei Kontrolle darüber hätte. Die ganze Nacht über blieb Skrag am Ende unseres Bettes sitzen, weinte mit einem Auge und schnurrte auf ihre bedauernswerte Art und Weise.

Wie die meisten Katzen war Skrag überaus reinlich. Aber ihre Bemühungen in Sachen Körperpflege blieben nutzlos. Sie hatte den übelsten Mundgeruch, den man sich nur vorstellen kann, und wenn sie sich säuberte, dann verbreitete sie diesen Gestank über ihr ganzes Fell. Wir versuchten sie zu waschen, aber nach wenigen Stunden stank sie wieder.

Das Traurigste an ihr war jedoch ihre Widersprüchlichkeit. Alles an ihr stand irgendwie im Gegensatz und ließ sie schlecht riechen, schlecht aussehen und vermittelte allen in ihrem Umfeld ein schlechtes Gefühl. Wir hielten sie für einzigartig in dieser Kategorie der Katzen, aber ein wenig Recherche förderte zu Tage, dass es eine ganze Mythologie über die traurig dreinblickenden, heruntergekommenen Pechvogelkatzen gibt.«

Lalagy hätte den Nagel nicht genauer auf den Kopf treffen können. Denn es gibt tatsächlich umfassende Literatur und eine dementsprechend reiche Mythologie zu dieser heruntergekommenen Katze. Ein gutes Beispiel für dieses bedauernswerte Exemplar finden wir in einem Gedicht des Lyrikers und Pulitzer-Preisträgers Gary Snyder über seine Katze Nansen:

> Ich fand dich an einem regnerischen Morgen
> nach einem Taifun
> in einem Bambushain bei Daitoku-ji.
> Du winziges nasses Fell
> bist mit lauter Stimme unter dem Zaun hindurch
> in meine Hand gekrabbelt. Bereit zu sterben.
> Ich habe dich in meinem Regenmantel nach Hause
> getragen.
> »Nansen, Käse!« Dann hast du geantwortet
> und kamst angelaufen.
> Doch groß bist du nie geworden.
> Krummbeiniger kluger kleiner Zwerg.
> Manchmal das Futter verweigernd, häufig hustend,
> jämmerlich miauend über einen inneren Schmerz.
>
> Heute, mager und älter, frisst du nichts
> außer Milch und Käse. Du sitzt auf einem Pfosten
> in der Sonne. Abgehärtet mit resignierter
> Unzufriedenheit.
> Du warst einfach nicht richtig gemacht. Ich habe dich
> gerettet,
> und dein dreijähriges Leben war voll
> von leisem, beständigem Leid.

Wenn Skrag und Nansen mythologische Archetypen sind, wofür sollen sie dann stehen? Vielleicht für ein Leben unter Zwängen. Auf jeden Fall ist die literarische Welt reich an Katzen wie Skrag und Nansen. In *The Tiger in the House* singt Carl Van Vechten eine Lobeshymne auf die kranke Katze und zitiert den französischen Schriftsteller Joris-Karl Huysmans aus dem 19. Jahrhundert:

»Es ist eine Tatsache, dass dieser Kater, dürr wie ein Klappergestell, einen spitzen Kopf in Form eines Hechts und als Krönung seiner Unwürde schwarze Lippen besaß. Sein Fell war aschgrau, mit rostigen Flecken, das Kleidungsstück eines Vagabunden, die Haare stumpf und trocken. Sein haarloser Schwanz ähnelte einer Schnur mit einem kleinen Büschel am Ende, und die Haut seines Bauches, zweifellos bei einem Sturz aufgerissen, hing wie schmutziges Haar herunter, das über den Boden fegte.«

Huysmans fährt fort, dass »dieser niedere Sohn der Gosse« einen Körper besaß, der förmlich eine »Klaviatur des Schmerzes war, die bei jeder Berührung widerhallte«. Die menschliche Natur, übellaunig und reizbar, scheint in solchen Katzen offenbar ein umgekehrtes Beispiel für die Kunst des Überlebens gefunden zu haben – für das Überleben der Schwächsten. Einige Tiere wachsen offenbar, wie einige Menschen auch, an ihrer schwachen Gesundheit. Ohne ihre Gebrechlichkeit würden sie sterben, wahrscheinlich an Langeweile.

Agnes Repplier, ebenfalls Sammlerin von Katzensagen, erzählte uns von einem unförmigen Kater, den sie einst kannte: »Er war die Zielscheibe unseres Spottes, der *souffre douleur* unserer kleinen Gemeinschaft. Die angeborene Bösartigkeit unserer Natur zeigte sich darin, dass wir ihn der Lächerlichkeit aussetzten.« Noch ein Skrag. Nun, die Welt ist ja auch ein übler Ort, wenn man bedenkt, wie sich Menschen daran ergötzen, sich über das unschöne Aussehen eines Tieres lustig zu machen. Das erinnert doch sehr an die klassische Szene aus *Dumbo – Der fliegende Elefant*, wo der Junge mit den riesigen Ohren Dumbos Ohren verhöhnt.

Wenn es in der Katzenwelt den Archetypus der Hässlichkeit gibt, dann liegt das nicht an den Katzen selbst, sondern an dem moralischen Versagen des Menschen. Was ist mit den vielen ungewollten und heimatlosen Katzen? Den Knochigen und den Räudigen, den Apathischen und den Verwahrlosten, den Toten und den Sterbenden, den Hungrigen und den Verhungerten, den Verkrüppelten und den Elenden? Was ist mit den vielen Millionen heimatlosen Katzen?

Einst war die Katze heilig und sonnte sich im funkelnden Licht des Ruhmes. Das Sistrum wurde leise angeschlagen, während sie sich den anbetenden Menschen zeigte, jenen Gläubigen, für die die Katze eine Göttin war.

Wir müssen nicht in der Literatur nachschlagen, um zu verstehen, woher Skrag kam oder warum Nansen so unterernährt war oder warum es überhaupt heruntergekommene Katzen gibt. Sie kamen zu uns, als Geschenk. Und doch haben wir immer noch nicht den Mut, die Verantwortung für ihre Existenz zu übernehmen.

Kleine Katzenkunde

Skrag war höchstwahrscheinlich eine Vertreterin der edelsten aller edlen Rassen, der gewöhnlichen Hauskatze. Grau mit schwarzen Streifen, kleiner Kopf, missförmig bis hin zu ihren krummen Schnurrhaaren, war sie viel zu unproportioniert, um nicht aufzufallen.

Ihr Schwanz war normal, außer in der Mitte, wo er einmal gebrochen und schlecht verheilt war. Sie hatte weiße Pfoten und war eigentlich gut gebaut, nur ihr Bauch sackte wie eine Tüte Doughnuts herunter.

Die arme Skrag war das, was der Dichter Theodore Roethke einmal einen »verwachsenen Liebling« nannte, ein Spatz, der aus dem Nest des Himmels gefallen ist. Andererseits war sie eine Überlebende erster Ordnung. Nichts schien sie tödlich zu bedrohen. Es gab in ihr irgendeine verrückte Schaltung, die sie am Leben hielt, trotz aller Härten, die sie durchgemacht hatte. Wie eine Kreatur aus einem Science-Fiction-Werk trat sie in unser Leben und schien zu fragen: Wie fühlt es sich an?

Natürlich gibt es für die gewöhnliche Hauskatze keine Zuchtstandards, sei sie nun amerikanisch, asiatisch oder europäisch. Das Einzige, was wir über sie wissen, ist, dass wir sie geschaffen haben und dass sie die dominanteste Rasse in dem einst so großen Göttinnenklan von Bast ist.

Patricia Dale-Green, Autorin von *The Cult of the Cat*, spricht von der dunklen beziehungsweise hellen Wahrnehmung von Katzen. Sie sagt, wenn wir unsere Projektionen aufgeben und die Katze so sehen, wie sie ist, lassen wir auch die Archetypen los, die die Katze seit Urzeiten im Guten wie im Schlechten ausmachen. Gute und schlechte Archetypen begründen den Großteil der Katzen-Faszination von uns Menschen. Die Macht, die die Katze darüber zu haben scheint, uns anzuziehen oder uns abzustoßen, ist eindeutig die Macht des Archetypus, und wenn wir diesen Magneten in uns wirkungslos machen, werden wir frei davon.«

Der Archetypus der heruntergekommenen Katze ist eine Kombination aus den ungleichen Aspekten des

Guten und Bösen in allen Dingen. Sobald wir die Katze in dem Gleichgewicht sehen, in dem alle Katzen leben, bekommen wir eine gewisse Distanz. Das nannte Buddha die Freiheit vom Selbst oder die persönliche Freiheit. Wenn wir also eine Katze wie Skrag richtig wahrnehmen beziehungsweise wenn wir das sehen, was sie heil und nicht missgestaltet macht, dann sehen wir die Dinge so, wie sie wirklich sind.

Die tanzende Katze

Somali

Roger Zelazny, Autor von *To Spin Is Miracle Cat*, schrieb einmal: »Imaginäre Katzen tanzen an meinen Fersen.« Zelazny, zweifellos einer unserer besten Fantasy-Autoren, war ebenso wie Andre Norton, Robert Heinlein und so viele andere ein Liebhaber von Katzen. In den »Katzenhof« gehen, nannte er es: das Eintauchen in eine gewaltige Tiefe, in der die Welt des Selbst beginnt und endet und neu beginnt. Am Ende seines eigenen Lebens verließ Roger Zelazny die Mühsal des Irdischen umgeben von einem Wirbelwind an Katzen. Zuletzt war er nämlich umgeben von den sieben lebhaften Katzen von Jane Lindskold, seiner Freundin und Co-Autorin des Buches *Donnerjack*.

In der tanzenden Katze sah Zelazny ein Sinnbild der Unendlichkeit, eine Katze, deren Macht in ihrer Ganzheit statt Rätselhaftigkeit bestand. In ihrer Bewegung hatte die Katze eine unendliche Tiefe, im Ruhezustand wurde die Katze zu einem zeitlosen Kreis. Die großen japanischen Künstler blühten angesichts der Ganzheit der Katze auf. Ebenso die alten Römer. Ein römisches Bodenmosaik, das man im französischen Orange entdeckte, zeigt eine Katze am Fuß einer sich entfaltenden Blüte.

Montaigne, der französische Essayist aus dem 16. Jahrhundert, spricht über seine Katze, als ob sich seine Identität mit der ihren vermischen würde, wenn sie miteinander spielten:

»Wenn meine Katze und ich einander mit beiderseitig äffischer List und Tücke unterhalten, wenn wir beispielsweise mit einem Strumpfband spielen, wer weiß dann schon, ob ich mehr mit meiner Katze spiele als sie mit mir? Soll ich zu dem Schluss gelangen, sie sei von einfachem Gemüt? Sie, die sie ein Spiel beginnen oder verweigern kann, ebenso frei wie ich selbst? Nein, wer kann sagen, ob es nicht einfach mein mangelhaftes Verständnis ihrer Sprache ist (denn zweifellos sprechen und diskutieren Katzen miteinander), weswegen wir uns nicht besser einigen können? Und wer kann sagen, ob sie mich nicht bemitleidet, weil ich es nicht besser weiß, als mit ihr zu spielen, ob sie nicht über meine Narrheit lacht und urteilt, dass ich ihr zu Willen sei, wenn wir beide miteinander spielen.«

Die Autorin Virginia Andrews schreibt uns:

»Einst konnte ich beobachten, wie meine Somali von einem Fensterbrett im zweiten Stock auf den Zweig einer

Buche sprang und von dort auf die Erde – insgesamt eine Distanz von ungefähr dreißig Metern. Eines Tages, als ich gerade zusah, wie Amber ihren üblichen Sprung vollführte, gab der schlüpfrige Zweig, auf den sie sprang, unter ihr nach und sie stürzte in die Tiefe.

Erstaunt wurde ich Zeugin, wie diese Kumuluswolke aus Fell um sich selbst kreiste, bis sie in aufrechter Position absolut geräuschlos auf dem Grasboden aufkam. Von diesem Augenblick an träumte ich davon, etwas Ähnliches zu bewerkstelligen. Meine Mutter war Turnerin und sie brachte mir viel über Gleichgewicht und Anmut bei, aber ihre Anweisungen wurden immer damit beendet, dass wir unserer Somali-Katze Amber zusahen. Tag für Tag studierten wir sie gemeinsam, wie sie sich drehte und herumwirbelte und zu einem gewichtlosen Wattebausch wurde, wann immer sie sprang.

Als ich zu guter Letzt spürte, dass ich bereit war, wagte ich diesen tollkühnen Sprung selbst. (Natürlich erzählte ich meiner Mutter nichts von diesem kleinen Abenteuer.)

Vom Fenster zum Baum, vom Baum zum Boden bemühte ich mich um die Unsterblichkeit und sprang wie meine Katze aus meinem Schlafzimmerfenster im zweiten Stock. Ich landete gut, fast so gut wie Amber. Niemand sah mir dabei zu (abgesehen vielleicht von Amber) und das war das Tolle daran. Ich hatte einen menschlichen Katzensprung durchgeführt und niemand wusste es außer mir. Die Zuversicht, die mir als Heranwachsender dieser eine Sprung gab, lässt sich unmöglich in Worte fassen.«

Das Beobachten von Katzen brachte Zelazny zuerst zur Lyrik und später zum Aikido. Wir sahen ihm einst zu, wie er einige seiner Schüler in einem öffentlichen Park von

181

Santa Fe in New Mexico unterrichtete. Für einen Mann Mitte fünfzig war er überaus leichtfüßig und anmutig und er führte diese katzenschnellen Bewegungen, diese herrlichen Würfe bis spät am Nachmittag durch.

»Die Wunderkatze«, dachten wir und erinnerten uns an sein Gedicht:

> . . . unsere
> Pfoten müssen geleckt werden wenn wir
> innehalten um den Weg auszumachen
> denn Katzen sind die Quantität
> der maximale Quantensprung
> vom Staub zum hellen
> Licht des Tages beginnend mit dem Auge
> manchmal die Sprache erfassend
> doch häufig in Mangel an Worten beim Umkreisen
> und Bewegen zu bloßen Blättern
> an Bäumen werdend die wirbelnd herabfallen
> das ist die Wunderkatze.

Das Selbst will sich wie eine tanzende Katze im Kreis drehen, will jenseits des körperlichen Gefängnisses erstrahlen. Wenn diese Energie freigesetzt wird, dann erleben wir die Wunderkatze, die auf tanzenden Pfoten Pirouetten dreht, jenseits der Beschränkungen der Zeit und des Todes.

Kleine Katzenkunde

Die Somali ist eine Mutation der Abessinier und wurde in den Vereinigten Staaten erstmals in den Sechzigerjahren gezüchtet. Mit ihrem zottigen Fell und dem struppigen Schwanz ist sie ganz offensichtlich eine orientalische

Züchtung. Sie kommt in den Farben Rot mit schokoladenbrauner Bänderung, Ruddy (Wildfarben) mit dunkelbrauner oder schwarzer Bänderung und Blau mit einer Bänderung in einem dunkleren Blauton vor.

Diese Katze lernt bereitwillig Tricks und liebt die Freiheit. Als reine Wohnungskatze fühlt sie sich nicht besonders wohl, sie agiert dann ruhelos und zerstörerisch. Im Freien ist sie dagegen glücklich und erfinderisch, ein weiches Etwas an goldenem Flaum in all dem Grün eines Sommergartens.

Die Somali ist von Natur aus scheu, mit ihrer Zuneigung geht sie zurückhaltend um. Das trifft zwar auf die meisten Katzen zu, aber ganz besonders auf die Somali. Denken Sie auch daran, dass es ihr nie zu kühl werden darf, denn eine Somali ist keine Katze für ein kaltes Klima. Als wahre Abessinierin hat sie es am liebsten wohlig warm.

Roger Zelaznys Freundin Jane Lindskold hat einmal ein kurzes Stück über ihren Somali-Kater verfasst. Das Tier hieß Arawn, nach dem walisischen Herrn der Unterwelt, einem geselligen Typen, der ein ausgeprägtes Gerechtigkeitsgefühl besaß. Jane schreibt in einer bewegenden Erinnerung an Roger und ihren Kater, dass das Tier bis zum Ende von Rogers Leben dessen Krankenpfleger war, denn Arawn wurde Rogers hingebungsvoller Pfleger. Er blieb bei ihm, wenn er Schlaf brauchte, saß neben ihm, wenn ihn die Chemotherapie geschwächt hatte. Das ganze lange Jahr hindurch, bis der Krebs ihn schließlich ganz für sich beanspruchte, kam Arawn seinen selbstauferlegten Pflichten stets getreulich nach.

An dem Tag, als Roger starb, kam Jane in ein Haus zurück, das ohne die Katzen leer gewesen wäre. Eine enge Freundin war da und kurz darauf kam Rogers Sohn Trent. Als Trent den Raum betrat, warf er seine Lederjacke über den Rücken von Goliath, der großen Reproduktion eines Karussellpferdes, das das Wohnzimmer beherrschte.

Arawn starrte Jane aus seinen goldenen Augen an und miaute laut. Dann sah er an die Stelle, wo Roger sonst immer gesessen hatte, und miaute erneut. Nachdem er das ein zweites Mal wiederholt hatte, sah sie ihn an und sagte leise: »Es tut mir Leid, ich kann Roger nicht wiederbringen.« Arawn sprang vom Tisch, spazierte zu Goliath hinüber und hüpfte aus dem Stand die eineinhalb Meter auf dessen Rücken. Dann drehte er sich um und pinkelte voller Absicht auf Trents Jacke. Während die drei ungläubig zusahen, sprang Arawn herunter und spazierte davon – um zu trauern.

Wir haben noch nie so eine beredte Demonstration gesehen, dass Katzen verstehen, was wir zu ihnen sagen, dass sie sogar mehr verstehen, als wir zu sagen vermögen.

Für die Bewegungsabläufe der Balletttänzer galten Katzen jahrhundertelang als zentraler Bezugspunkt. In Tschaikowskijs *Schwanensee* vollführt beispielsweise die Königin der Schwäne, wenn sie ihre menschliche Form annimmt, einen »Pas de chat«, einen katzenähnlichen Sprung. In Sergej Prokofjews *Peter und der Wolf,* einem der beliebtesten Kinderballetts, lässt die Katze dem kleinen Peter moralische Unterstützung zukommen, nachdem er den Wolf am Schwanz gepackt hat. Und in der Gilbert und Sullivan Oper *The Pirates of Penzance* kommen ebenfalls Katzenschritte vor, als die Piraten gegen Ende die Bühne verlassen und dabei von ihrem katzenleisen Schritt singen. Auch der Begriff des »Pussyfooting« (Leisetreten) wird hier nicht vergessen. Alles in allem ist der Katzentanz als Mythos so tief im menschlichen Bewusstsein verwurzelt, dass er keine literarischen Anspielungen braucht.

Eine weitere Sage von der tanzenden Mieze taucht in Fred Gettings *Secret Lore of the Cat* auf. So gab es das Sistrum in vielen Formen. Doch meistens hatte es einen Katzenkopf (manchmal mit einem menschlichen Gesicht) auf der oberen Krümmung des Instruments. Im inneren Teil fanden sich vier kleine Querhölzer. Jedes von ihnen stellte eines der vier Elemente dar: Es heißt, dass die Erschütterung dieser Querhölzer die Bewegung der vier Elemente innerhalb der materiellen Welt bedeutete, wodurch feste Materie entstand und wieder zerstört wurde.

Auch das ist ein Lob auf die tanzende, wirbelnde, sich wandelnde Katze, die in das Unbekannte springt und immer wieder richtig auf festem Boden landet.

Die heilende Katze

Europäische und Amerikanische
Schildpattkatze

Die Katze der Heilkünste ist die Schildpattkatze, deren Gene nur von den weiblichen Tieren weitergegeben werden. Welche Farben sie auch immer hat – von Weiß mit blutroten Flecken und kleinen grauen Punkten, bis hin zu Weiß und Braun –, diese Katze ist ein Abbild der Medizinfrau. In alter Zeit wurden mit Schildpattkatzen Magenprobleme geheilt. Die Katze wurde wie eine Wärmflasche der Länge nach auf den Bauch des Patienten gelegt.

Roger Caras, Autor des Buches *A Celebration of Cats*, schreibt, dass vor langer Zeit in England schon allein die Anwesenheit einer Schildpattkatze den Betrachtern angeblich hellseherische Fähigkeiten vermitteln konnte, und solche Katzen waren auch als Spielgefährten für Kinder sehr beliebt. Carl Van Vechten erinnert uns außerdem daran, dass im östlichen Kansas der Besitz einer Schildpattkatze als ein Schutz gegen Feuer betrachtet wird. In Japan, so führt er weiter aus, waren Seeleute einst nicht bereit, ohne die Sicherheit, die eine solche Katze vermittelte, in See zu stechen. Die Wertschätzung, die einer Schiffskatze von den Kapitänen seefahrender Schiffe im 18. Jahrhundert entgegengebracht wurde, zeigt sich im *Tagebuch einer Reise nach Lissabon* von Henry Fielding, wo ein solches Kätzchen über Bord ging. Sofort wurde dem Kapitän Alarm gegeben, dessen bittere Flüche daraufhin überall an Deck gehört werden konnten. Dann befahl er, die Segel zu lösen, und gab dem Bootsmann Anweisung, die Katze wieder einzufangen. Der Bootsmann zog Jacke, Hose und Hemd aus, sprang ins Meer und brachte das halb ertrunkene, aber immer noch lebende Kätzchen auf das Schiff zurück, indem er es mit dem Mund gepackt hielt.

Die hellseherische Fähigkeit ist, wie wir gesehen haben, ein weiterer Mythos der Schildpattkatze. Eigentlich fing es mit der Eule und der Schildkröte an, die beide erst von den Griechen und später von den Römern verehrt wurden. Die visionäre Gabe der Eule wurde mit der Langlebigkeit der Schildkröte zusammengebracht und gemeinsam wurden die beiden zum Symbol der unangreifbaren Seherin. Gibt es hier einen mythologischen Zusammenhang mit den Schildpattkatzen? Ja, denn die Schildpattmarkierungen der Katze und ihre großen Augen geben ihr das Aussehen einer Schildkrötenkatze.

Darüber hinaus besitzen die Schildpattkatzen eine weitere Eigenschaft, die sie von anderen stark unterscheidet: ihr Schnurren. Die Art und Weise, wie eine Katze schnurrt, hat in den Menschen immer schon ein Gefühl der Beruhigung hervorgerufen. Das leise, tief im Hals sitzende Grummeln ist ein Segen, Musik für die Ohren und eine Metapher für die Wiedervereinigung von Mutter und Kind. Es überrascht daher nicht, dass eine Katze, die so freundlich wie die Schildkröte und so weise wie die Eule sein soll, auch das beste samtige Schnurren hat. Ruth Wright, Besitzerin einer Schildpattkatze, hat uns die folgende Geschichte sowie ein Gedicht über ihre Katze Furr Purr geschickt.

Furr Purr kam als Geschenk zu uns, als mein Mann und ich uns vor ungefähr 28 Jahren zum ersten Mal begegnet sind. Ich war Opfer eines Unfalls mit Fahrerflucht und mein heutiger Ehemann kümmerte sich damals um mich. Zu jener Zeit trug ich einen schweren Gips am rechten Bein und es war mir nicht möglich, nachts zu schlafen. Also ging mein Mann los und besorgte mir eine Katze, schildpattfarben, und ich nannte sie Furr Purr, weil sie so wunderbar singen konnte. Nachdem ich Furr Purr bekommen hatte, konnte ich plötzlich wieder schlafen, Gips hin oder her.

Während meiner langen Genesung machte ich mir ziemlich viele Sorgen, wie mein Bein verheilen würde. Ich hatte so viele Brüche und es dauerte so lange, bis sie wieder zusammenwuchsen. Aber die Katze, unsere kleine Furr Purr, leistete mir Gesellschaft und sang ununterbrochen, den ganzen Tag. Wissen Sie, wo sie am liebsten saß? Auf meinem Gips, direkt über dem Knie, wo meine Knochen gebrochen waren. Manchmal dachte ich: »Vielleicht stimmt es, was man immer sagt, vielleicht sind Schildpattkatzen wirklich Heilerinnen. Vielleicht weiß sie, wo ich die meiste Pflege brauche, und sie liegt aus diesem Grund den ganzen Tag an dieser Stelle.«

Ich stellte mir vor, dass das Schnurren meiner Katze durch den kalten Gips vibrierte, hinein in meinen zerschmetterten Oberschenkel, und wie durch Magie die Knochensplitter wieder zusammenwachsen ließ. Gleichgültig, wie das für Sie klingen mag, aber wenn meine Katze schnurrte, hatte ich das Gefühl, ich würde wieder laufen können. Ungeheures Wohlbehagen flutete durch mich hindurch. Manchmal schlief ich ein, wenn ich der Wassermusik ihres Schnurrens lauschte.

Es versteht sich von selbst, dass ich dank der Katze nach sechs Monaten der Genesung wieder auf den Beinen war. Die Knochen verheilten fast perfekt und dafür bin ich Furr Purr seitdem dankbar.

Das folgende Gedicht ist mein ganz persönlicher Dank an Furr Purr, die einige Monate nach meiner Genesung wegging und niemals wiederkehrte.

Die heilende Katze

Nicht um zu bleiben, bist du gekommen,
sondern um den Schmerz zu stillen.
Und das gelang dir besser
als jeder Medizin.

Das warme Schnurren deiner Liebe
füllte den Raum,
es kullerte
wie Murmeln –

Oh Schildpattkätzchen,
wie wunderbar du mich geheilt hast!

Die Schildpattkatze ist eigentlich eine Amerikanische Kurzhaar mit unregelmäßig geformten Farbflecken. Furr Purr besaß eine weiße Grundfarbe, geschmückt mit Flecken aus Mokka, Schwarz, Beige und Gold. Eine herrliche Kombination, möglicherweise sogar einer eigenen Rasse würdig. Aber in Wirklichkeit ist die Katze ein Abkömmling der gewöhnlichen europäischen Hauskatze, die im 17. Jahrhundert nach Amerika gebracht wurde.

Die kurzhaarige amerikanische Variante wurde dem eiskalten Winter im amerikanischen Norden ausgesetzt, aber auch dem unwirtlichen Terrain aus Dornenbüschen und Gestrüpp. Sie ist eine Allwetterkatze, eine Katze für alle Jahreszeiten.

Die erste Aufgabe der Schildpattkatze bestand darin, auf den Schiffen, die in die Neue Welt segelten, Ratten zu fangen. Später wurde die Katze zur Ratten- und Mäusefängerin auf den Höfen und in den Scheunen. Wohl aufgrund der härteren Umweltbedingungen entwickelte sie eine robustere Gestalt und eine ausgeprägtere Muskulatur als ihre europäischen Vettern. Nase und Gesicht sind eckig und kurz, Augen und Ohren stehen weit auseinander. Das Gesicht der Katze ist symmetrisch und harmoniert gut mit dem Körper.

Die amerikanische Kurzhaar ist eine Katze für alle Gegebenheiten, sie trotzt kalten Winden und Minustemperaturen ebenso wie Hitze und Feuchtigkeit. Obwohl sie nicht gerade für ihre Schwimmkünste berühmt ist, kann und wird sie schwimmen, wenn die Umstände es erfordern. Es gibt viele Berichte von Seereisen, bei denen eine Katze über Bord ging und das robuste Tier dem Schiff jaulend hinterherschwamm, bis ein Netz, ein Seil oder der

Bootsmann es wieder an Bord holten. Vielleicht mag es die Schildpattkatze aufgrund der Erinnerung an solche Vorfälle nicht, wenn sie nass wird. Man kann sich aber auch an den oft zitierten Mythos halten, dass die Katze überraschend durch das Niesen des großen Löwen von Noahs Arche auf die Welt kam – eine Geburtserfahrung, die wohl niemand vergessen würde.

Die heilende Kraft der Schildpattkatze steht, wie wir schon erwähnt haben, in enger Verbindung zum Meer. Damit verbinden wir auch die Langlebigkeit der Schildkröte sowie den modernen Mythos des Schildpattkamms, den man in den Fünfzigerjahren für stärkend hielt. Der Kamm war zwar sehr strapazierfähig, aber auch weich, und fügte daher den Haaren keinen Schaden zu.

Schildkrötenamulette gehörten zu den meistverbreiteten Symbolen der amerikanischen Ureinwohner, die Amerika auch »die Schildkröteninsel« nannten. Europäer, die in die Neue Welt kamen, lernten neue Schildkrötenmythen kennen, die sie ihren eigenen hinzufügten. Eine der Grundaussagen der europäischen Mythen war, dass etwas, das so lange lebte, gesegnet sein musste. Die amerikanischen Indianer hielten die Schildkröte für eine hohe weibliche Gottheit und stellten sie bisweilen mit der Adlermutter Erde und dem Vater Himmel auf eine Stufe.

Die Europäer tradierten dasselbe in ihrer heidnischen Mythologie. Die Schildkröte, die Katze und der Vogel versinnbildlichten die Elemente des Lebens. Eine Frau, die auf dem Rücken einer Schildkröte steht und einen Vogel hält, ist daher unsere Version von Mutter Erde und Vater Himmel. Doch vergessen Sie auch nicht, dass im alten Ägypten die weibliche Kraft katzenähnlich war und von der Katze stammte. Diese Vorstellung hielt sich auch in Europa. Die Schildkröte verkörperte dasselbe Motiv wie bei den amerikanischen Indianern, sie war weiblich und ein Symbol für die Erde. Der Vogel, ebenso weiblich, versinnbildlichte den Himmel.

All diese Metaphern wurde auf prä-hellenistische Münzen geprägt: Abbildungen von Frauen, Schildkröten und Vögeln. Mit der Zeit jedoch konzentrierten sie sich immer mehr auf die Schildpattkatze, deren Farbe, Fell, Schnurren und Persönlichkeit an unsere uralten Gottheiten erinnern.

Die Schildpattkatze fand auch in der Bibel Erwähnung. Zwar wird sie nicht explizit beim Namen genannt, aber einige Experten glauben, dass man sie zwischen den Zeilen entdecken kann. Ihr Gegenstück, die »Schildkröte des Himmels« beziehungsweise die Turteltaube, war der Vogel der Eheschließung. In den christlichen Tierbüchern des elften Jahrhunderts ist die Turteltaube das Symbol für Beständigkeit in der Ehe.

Dauerhaftigkeit ist auch die Grundeigenschaft einer Schildkröte. Daher ist es ganz natürlich, dass die Schildpattkatze, unsere Amerikanische Kurzhaar mit ihren schildkrötenähnlichen Fellmarkierungen, zur ultimativen Verkörperung all dieser Mythen wurde – europäischer, asiatischer oder indianischer Herkunft. Es heißt: »Niemals verblüht die Blume der Jugend in der Turteltaube, der Schildkröte oder der Katze.«

Die Tempelkatze

Japanische Stummelschwanzkatze

Ein Besucher in einem japanischen Kloster in Kioto zeigte sich einst von der Zahl der Katzen überrascht, die sich vor dem Haupteingang aufhielten. »Warum sind hier so viele Katzen?«, fragte der Besucher einen Mönch und dieser erwiderte: »Katzen sind gut. Sie zeigen uns den Weg.« Janwillem van de Wetering, Autor von *Der leere Spiegel*, erzählt von einem Kätzchen, das er zwischen den Pagoden und Grabsteinen eines Klosters in Kioto fand, wo er die Kunst der Meditation erlernte. Er erklärt, dass die Leute häufig Kätzchen im Klostergarten aussetzten, weil sie wussten, die Mönche würden sie nicht töten. Das war gegen ihre Religion. Indem sie die Kätzchen in ein Kloster trugen, vertrauten sie die Tiere Buddha und dem Mitgefühl der Mönche an. Außerdem dienten sie im Kloster einem weiteren Zweck: Auch Ratten fanden sich nämlich zuhauf in den Tempeln.

In Japan zieren Katzen-Abbildungen Tempel, Klöster und Heiligtümer. Im ehemaligen Siam wurden Katzen zusammen mit Angehörigen des Königshauses zu Grabe getragen. Wenn ein Herrscher starb, legte man seine Lieblingskatze zu ihm in die Gruft. Das Dach der Gruft besaß Löcher, durch die die Katze entkommen konnte, wobei sie die Seele des Monarchen mit sich nahm. Solche heiligen Katzen wurden bis zu ihrem Lebensende wie Könige behandelt.

Die Japaner schätzen schon seit frühester Zeit Katzen in der Kunst. Doch einer der vielleicht größten Meister der Katzenkunst war der Maler Hokusai im 19. Jahrhundert. Er wusste sehr genau um die Liebe der Menschen zum Übernatürlichen und seine Katzen waren der Traum jedes Geisterbeschwörers. Laut der Überlieferung deutet die Fellfarbe einer Katze auf ihre magischen Fähigkeiten hin. Rötlichbraune Katzen waren die geschicktesten Zauberer, Katzen mit einem weiß-braun-schwarzen Fell kamen an zweiter Stelle und den dritten Platz nahmen die schwarzweißen Katzen ein.

Im Allgemeinen stellten die japanischen Künstler die Katze jedoch in einer Vielzahl von Rollen dar. Dazu gehörten die unflätige, die intellektuelle, die berechnende, die bewundernde, die verzweifelte, die zurückhaltende, die faule, die törichte, die schmollende und die zärtliche Katze. Kurz gesagt, japanische Künstler haben das eigentliche Wesen der Katze eingefangen, während die europäischen Meister die Katze nur als Dekoration bei der Darstellung von Menschen abbildeten.

Der Betrachter eines Zen-Katzenkunstwerks wird sich von dem überaus menschlichen Lächeln des Tieres angezogen fühlen. Die Künstler scheinen herausfinden zu wollen, was die Katze über uns selbst zu sagen vermag. Was, so wollten sie wissen, lehrt uns das unbeschreibliche Lächeln der Katze über uns selbst? Die Antworten sind zahlreich und unterschiedlich, aber im Grunde ist die Zen-Katze real, nicht imaginär. Gemälde aus dem 17. Jahrhundert zeigen die Katzen beim Fressen, bei der Darmentleerung, beim Geschlechtsverkehr, beim Baden, beim Schlafen, beim Starren, beim Zittern und beim Maunzen. Basho, der Tagebuchschreiber aus dem 17. Jahrhundert, feierte die Katzen in seinen Gedichten und Zeichnungen, während er einsame Runden durch den hohen Norden zog und Japan bei jedem Wetter durchquerte. Wir würden heute sagen, dass er ein echter Dharma-Bruder war. Seine Siebzehn-Silben-Gedichte sind die reinste Form von Katzenkunst, die die Welt je gelesen hat.

Basho war ein Meister der sich verändernden, aber beständigen Leere, die wir Universum nennen. Er sah die Katze als Teil dessen, dem Menschen in jeder Beziehung ebenbürtig. Aus seiner Sicht war die Katze weder göttlich noch profan, sondern eine Kombination aus diesen Aspekten, eine phantastische Mischung aus beidem. Daher flieht der Kater in einem seiner Gedichte von einer Welt in die andere. Genauso wie die Seele auf ihren endlosen Runden von Geburt und Tod durch die einsame Spirale des Karma wandert.

Fernand Méry, Autor von *The Life, History and Magic of the Cat*, schrieb einmal, dass japanische Künstler viel mit den Katzen gemeinsam haben. Sie projizieren in ihre Kreationen die Launenhaftigkeit des Verhaltens und die Liebe zur Phantasie, die an ihnen selbst wie auch den Katzen so rätselhaft und verwirrend ist. Sie können in graphischen Begriffen beschreiben, dass eine Katze beispielsweise aus lauter Katzenköpfen besteht, deren Augen allesamt Glocken sind – und noch viele andere Phantasievorstellungen wie diese. Sie schnitzen geduldig Katzen auf ihre Netsukes und Inros. Sie gravieren fast unscheinbar Katzen in die Knöpfe ihrer Kleider ein. Sie geben verkleideten Katzen die Gesichter von jungen Mädchen... Sie verwandeln eine einschmeichelnde Katze in einen teuflischen Drachen.

Fernand Méry erzählt weiter, dass wir in der japanischen Kunst vom Mittelalter bis heute eine Wertschätzung der Katze vorfinden, die der europäischen Kunst einfach fehlt und die, so meint er, die größten Meister des 18. Jahrhunderts von den Malern, Bildhauern und Kupferstechern des 19. und 20. Jahrhunderts trennt.

Die kulturelle Einstellung der Japaner gegenüber der Katze zeigt sich in dem berühmten Nirwana-Bild im Tofukuji-Zen-Kloster in Kioto. Warum eine Katze auf einem Wandbehang auftaucht, der zwölf mal acht Meter misst, wird von Dr. D. T. Suzuki erklärt, dem berühmtesten Experten zum Thema Zen-Buddhismus. Er sagt, dass Cho Denzu, ein Maler aus dem 15. Jahrhundert, der Katze versprach, sie in sein Nirwana-Gemälde zu malen, wenn ihm das Tier die Materialien besorgte, die er zum Malen benötigte. Die Katze tat das und führte ihn zu einem Ort, an dem man diese Materialien im Überfluss fand. Suzuki erzählt, dass die Freude des Künstlers grenzenlos war. Er hielt sein Versprechen und malte die Katze in sein Nirwana-Bild. Seitdem ist diese Katze im ganzen Land berühmt. Ist das nicht eine seltsame Geschichte? Sie spiegelt sehr gut die buddhistische Einstellung gegenüber Tieren wider.

Es gibt eine bekannte Legende, in der es um die Tempel-katzen eines Gauners geht. Sie wird von Kenji Sora, dem Autor von *The Swordsman and the Cat*, folgendermaßen erzählt:

Einst lebte ein außergewöhnlicher Krieger, dem es trotz großer Anstrengung nicht gelang, sein Haus von einer Rat-te zu befreien. Die Ratte bediente sich äußerst schlau aller Taktiken eines Kriegers und wich den Versuchen des Schwertkämpfers, ihr Leben zu beenden, geschickt aus. Der Meister gab jedoch nicht auf, sondern sicherte sich die Hilfe einer Katze aus der Nachbarschaft, deren Ruf als Rattenfängerin seinesgleichen suchte.

Als die schwarze Katze eintraf, eilte sie in den Raum, in dem die Ratte lebte, und vollführte eine großartige Akro-batik. Bei dem Versuch, die Ratte zu überwältigen, sprang die Katze über Möbelstücke und quetschte sich unter Ein-richtungsgegenstände. Aber dennoch trug die Ratte über die Katze den Sieg davon und die Katze verneigte sich und ging.

Eine zweite Katze wurde herbeigerufen. Es war ein gro-ßer, getigerter Kater, der langsam den Raum betrat, wobei er seine Blicke nach der Ratte umherschweifen ließ. Als er die Ratte durch den Raum huschen sah, richtete er seinen Blick auf sie und starrte derart brennend, dass es überall zu spüren war. Dieser Kater setzte all seine psychischen Kräf-te gegen die Ratte ein, aber der Ratte machte das nichts aus. Sie warf den Kater einfach zu Boden. Beide verneig-ten sich voreinander und der getigerte Kater verließ gede-mütigt das Haus.

Die dritte Katze war von durchschnittlicher Größe und grau. Sie verwendete eine äußerst ungewöhnliche Technik der Kampfkunst. Diese Katze war eine Schattenkämpferin, doch ihre Art war so nachlässig, dass jeder, der gegen sie antrat, das Gefühl hatte, sie sei bereits besiegt. In dieser Haltung wartete die Graue stets auf den richtigen Moment, schätzte währenddessen die Stärke ihres Gegners ein, spürte seine Schwächen auf – und schlug dann mit gnadenloser Präzision zu.

Die Graue betrat also den Raum der Ratte voller Zuversicht und führte ihr übliches Manöver lässig und vollendet aus. Aber die Ratte war sehr, sehr schlau. Sie folgte der Führung der grauen Katze und ließ sich mühelos überwältigen. Doch dann, in der allerletzten Sekunde, als es so aussah, als habe die Ratte bereits verloren, setzte sie ihre Energie frei und warf die Graue mit einer einzigen Bewegung zu Boden. Sie verneigten sich voreinander und die Katze verließ den Raum.

Nun gab es nur noch eine einzige Katze im Viertel: einen müden alten Meister, der zum Kämpfen keine Lust mehr hatte. Meistens wirkte er auf den ersten Blick wie ein Stück Holz, das in der Sonne lag. Nur selten sah man ihn in Bewegung, darum schenkte ihm niemand weiter Beachtung. Er war alt, ausgebrannt und hinkte. In seiner Verzweiflung rief der Krieger zu guter Letzt auch ihn und flehte ihn an, in das Haus zu gehen, das die Ratte mittlerweile als ihr Eigentum zu betrachten schien. Sie lebte nun nicht länger in einem einzigen Raum, sondern spazierte durch das ganze Haus, als ob es ihr gehörte.

Der uralte Kater, eine japanische Stummelschwanzkatze, betrat das Haus verschlafen, nicht als Konkurrent, sondern als Gast. »Aha«, dachte die Ratte, »der Meister hat endlich aufgegeben und das Haus ist jetzt wirklich meins, denn dieser alte Kater könnte nicht einmal eine Fliege töten.«

Mehrere Tage lang spazierte die Ratte so faul herum,

dass der alte Kater die ganze Zeit schlafen konnte. Eines Morgens jedoch, als die Ratte einen großen Brocken Käse in ihre Essecke rollte, kam sie zufällig an dem alten Kater vorbei, dessen Augen noch nicht ganz offen waren.

Als die Ratte vorbeimarschierte, blinzelte der alte Kater interessiert. »Braucht Ihr Hilfe?«, bot er gähnend an. »Recht gern«, erwiderte die Ratte, »wenn es euch nichts ausmacht.« Der alte Kater erhob sich, stürzte sich auf die Ratte und warf sie zu Boden. Die verblüffte Ratte kam über diese Niederlage nicht hinweg. Sie verneigte sich und verließ das Haus, ohne je zurückzukehren.

»Wo es das Ich gibt, gibt es einen Feind; wo es kein Ich gibt, gibt es keinen Feind.« Sobald sich der Verstand nicht mehr um sich selbst dreht, kann die Natur ihren Lauf nehmen und die richtige Vorgehensweise wird deutlich. Die Ratte konnte den alten Katzen-Meister nicht besiegen, da dessen Technik darin bestand, keine Technik zu haben. Er wartete einfach ab. Und dann, im richtigen Augenblick, schlug er zu. Daher reicht der Einfluss der Tempelkatze aus Japan weit über die Grenzen der Kunst hinaus.

Kleine Katzenkunde

Die japanische Tempelkatze wird auch Kimonokatze genannt, weil sie meistens ganz weiß ist mit einem Tintenfleck auf dem Rücken. Jede Katze, die mit einem solchen Zeichen zur Welt kommt – es sieht aus wie eine Frau, die einen Kimono trägt – gilt als heilig. Die Frau symbolisiert die Seele einer Ahnin, die im Tier schlummert. Vor langer Zeit wurden Katzen dieser Art in einen Tempel oder ein Kloster gebracht und dort zu ihrer eigenen Sicherheit abgegeben. Diese Tradition ist heute noch lebendig, ungeachtet der Farbe oder Gestalt der Katze.

Dr. Lilian Veley schrieb 1910 in der Zeitschrift *Cat Gossip*, dass ein chinesischer Diener eine dieser Kimonokatzen auf ein britisches Schiff brachte, wo sie in den Besitz eines britischen Offiziers überging. Die Katze gelangte schließlich in das Haus einer Familie in Putney, Vermont, wo das heilige Emblem der Frau im Kimono fotografiert wurde.

Zu welcher Rasse gehört die Tempelkatze, wenn überhaupt? Die Experten sind der Ansicht, dass die typische Kimonokatze eine Japanische Stummelschwanzkatze war. Wenn die Katze mit einer schwarz-rot-goldenen Färbung zur Welt kam (Schildpatt), hielt man sie für ein gutes Omen und man nannte sie Mi-ke, die Dreifarbige. In der japanischen Kunst wurde die Mi-ke häufig mit einer erhobenen Pfote dargestellt, als Geste des guten Willens. Sie wurde in Gedichten gerühmt und in Gemälden abgebildet und Glücksbringer wurden mit ihr verziert und in den Handel gebracht.

Während und nach dem Zweiten Weltkrieg gelangten einige Mi-ke-Katzen von Japan nach Amerika, aber die Zucht war immer noch äußerst selten. Ohne eine Verbindung zur Manx von der Isle of Man zu besitzen, hat auch diese Katze nur einen zehn bis fünfzehn Zentimeter langen Schwanz. Die Mi-ke oder Kimonokatze ist stark, aber schmal. Sie ist ein hübscher Anblick und leicht zu halten. Eine zärtliche und intelligente Katze.

Im Zen-Buddhismus wird manchmal Zazen, die Meditation im Sitzen, von Tempelkatzen gelehrt (durch Vorbild). Die Meditation im Gehen, die Wachsamkeit in der Bewegung, ist jedoch nicht weniger wichtig als das Nachdenken in sitzender Haltung. Als Symbol dessen ist die

Tempelkatze wachsam und zu allem bereit. Doch wenn die Katze eines erreicht, dann, dass sie bewusst gar nichts zu erreichen versucht. Ihre Leistung ist nicht Teil dieser Welt. Die Katze *ist* einfach. Das wird in einem berühmten Zen-Gespräch deutlich, bei dem eine Katze zwei Meister in der Kunst der Selbstfindung übertrifft:

Der erste Meister (zeigt auf die Katze): Wie nennt Ihr dieses Wesen dort drüben?

Der zweite Meister: Ich nenne dieses Wesen eine Katze.

Der erste Meister: Ich stimme zu, dieses Wesen dort drüben, das Ihr Katze nennt, eine Katze zu nennen.

Die Katze: (sagt nichts).

Die mütterliche Katze

Türkische Van

Wenn es um Adoption geht, dann ist kein Tier entgegenkommender als die mütterliche Katze. Das ist zumindest unsere Ansicht. Mütterliche Katzen adoptieren einfach alles, was hüpft, krabbelt, krächzt, summt oder quietscht – darunter fallen auch Vögel und Mäuse und natürlich Männer, Frauen und Kinder. Michael Joseph, Autor von Cat's Company, erzählt von einer Perserkatze namens Blackie, die so freundlich war, ein kleines Truthahnküken als Tochter zu adoptieren. Die Geschichte erzählt, dass zwei frisch ausgeschlüpfte Truthähne keine Mutter hatten, die sich um sie kümmerte. So wurden sie einer anderen Henne untergeschoben, die prompt eines von beiden tötete und das andere Küken aus dem Nest warf. Mrs. Lee, die Besitzerin, versuchte gerade, eine passende Mutter zu finden, als Blackie feststellte, dass kleine Truthähne genauso wie kleine Kätzchen schreien.

Als Mrs. Lee das nächste Mal nach der mütterlichen Katze sah, musste sie entdecken, dass Blackie fest schlief, mit dem Baby-Truthahn an sie gekuschelt, fast vergraben in ihrem langen, dichten Fell. Von da an verließ Blackie das Küken so gut wie nie, höchstens um Mäuse zu fangen, die sie oft ihrer Adoptivtochter mitbrachte. Ihre Verwirrung war groß, als das frisch adoptierte Kind ihr Angebot ablehnte. Aber sie verzagte nicht. Und als der kleine Truthahn nicht wie ein Kätzchen gebadet werden wollte, hielt Blackie ihn mit ihrer Pfote fest und spendierte dem aufsässigen Vögelchen von vorn bis hinten eine Federleckrunde.

Möglicherweise denken Sie jetzt, die Beziehung hätte geendet, als der Truthahn zu einem vollentwickelten Vogel geworden war. Aber weit gefehlt! Obwohl Blackie als Ersatzmutter nicht länger nötig war, zeigte sie, auch nachdem ihre »Tochter« eine eigene Brut hatte, dass es eine tiefe Verbindung zwischen ihnen gab, die aus Katzensicht weder zufällig noch zu vergessen war.

Michael Joseph schreibt, dass Katzen einen überaus starken Mutterinstinkt besitzen. Auf diese Weise kommen einige höchst ungewöhnliche Freundschaften zustande. Sogar Mäuse wurden schon von einer liebenswürdigen Katzenmutter in die befellten Pfoten geschlossen. Offenbar hatte sich eine Scheunenkatze in Beaumont im englischen Jersey mit ihren Kätzchen in einem Futtertrog niedergelassen. Hinter diesem Trog befand sich ein Mäuseloch, in dem ein kleines Mäusebaby lebte, mutterlos, wegen der Katze. Doch bald schon nahm die Mamakatze die Babymaus zu sich und alles war in schönster Ordnung, bis die kleine Maus davonspazierte. Die Katze schrie so lange, bis die Maus den Weg zum Katzennest wiederfand. Merkwürdigerweise saugte die Maus genau so wie die Kätzchen.

Natürlich funktioniert dieses Szenario auch umgekehrt. Ein Fischer, der auf einer Insel vor Florida lebte, fütterte jeden Abend eine Familie von Waschbären. In der Dämmerung legte er Fischreste bereit, immer mit einer Schale Wasser in der Nähe, damit die Waschbären ihr Futter reinigen konnten, wie es ihre Gewohnheit ist. Eines Tages beobachtete er ein merkwürdiges Waschbärkind inmitten der anderen. Dieses Kleine hatte keine Gesichtsmaske, keinen geringelten Schwanz und war etwas knochiger als seine Brüder und Schwestern. Der Fischer sah, dass es sich bei diesem spindeldürren Waschbärkind in Wirklichkeit um ein streunendes Kätzchen handelte. Es amüsierte ihn, wie die kleine Katze ihr Fressen wusch, genauso wie es die Waschbären taten, und wie es die Vorderbeine nicht als Pfoten, sondern als Hände benützte – ebenso wie die Waschbären.

Die Beziehung zwischen Katze und Hund wurde in der Mythologie im Laufe der Jahrhunderte oft verleumdet, parodiert und verspottet. Aber in Wahrheit bringen mütterliche Bindungen – wenn es um eine Adoption geht – die Tiere stets dazu, als Adoptivkind oder Adoptiveltern ihr Bestes zu geben. Denken Sie beispielsweise an den Fall der Bedlington Terrier-Welpen, die von einer mütterlichen Katze an Kindes statt angenommen und in die Katzenfamilie aufgenommen wurden. Das Muttertier zog die Welpen pflichtgetreu als Katzen auf und behandelte sie nicht anders als ihre eigenen Kinder. Und dann gibt es noch die Geschichte des Krallenäffchens, das beschloss, ein Kätzchen zu adoptieren. Sie lebten zusammen in einem Käfig. Das Kätzchen kletterte wie ein Affe das Seil hinauf, um hinter die schützenden Gitter zu gelangen. Für gewöhnlich hielt der Krallenaffe entspannt einen Arm um das Kleine.

Doch kein Beispiel einer Katzen-Primaten-Freundschaft ist herzergreifender als die Geschichte von der Gorilladame Koko und ihrem Adoptivkätzchen. Als das Kätzchen starb, zeigte das Gorillaweibchen so tiefe Trauer, dass seine emotionale Verzweiflung offensichtlich war. Ihr Zustand dauerte monatelang an.

Die englische Schriftstellerin J. Symmons-Brown besaß eine Türkische Van, deren große Leidenschaft darin bestand, Banjo-Musik zu lauschen und sich mit einem Papagei anzufreunden.

»Vor einigen Jahren besaßen wir eine Türkische Van mit Namen Tigger, deren Lieblingsbeschäftigung darin bestand, zu Füßen meines Bruders zu sitzen, während er Gitarre spielte. Der andere begeisterte Zuhörer war eine Sittichdame. Der Vogel saß auf dem Hals der Gitarre und die Katze lag zu Füßen meines Bruders. Das ging ungefähr ein Jahr so.

Eines Tages legte mein Bruder die Gitarre auf das Bett, um ans Telefon zu gehen. Als er zurückkam, war der Sittich verschwunden, nur ein Haufen Federn erzählte, was geschehen war: Tigger hatte ihre Freundin verspeist. Danach hatten wir eine völlig veränderte Katze. Sie ähnelte immer noch ein wenig der alten Tigger, aber in ihr war eine Trauer, die unserer Meinung nach die Norm weit überschritt. Nach diesem tragischen Fehler adoptierte Tigger andere Vögel als Freunde. Und wir besaßen schon eine ganze Anzahl, aus der sie sich ihre Freunde aussuchen konnte. Wir hatten einen Zwergara, eine Blaustirnamazone und einen Maximilians-Papagei. Tigger war mit allen vertraut, aber zu keinem außer dem Sittich je richtig freundlich gewesen. Nun jedoch verwandelte sich Tigger in den heiligen Franziskus der Katzen und umgab sich ständig mit ihren Vogelfreunden. Wenn einer von ihnen in ihren Schwanz biss, schenkte sie dem gar keine Beachtung. Sie rutschte etwas zur Seite, außerhalb der Schnabelreichweite, blieb aber immer in der Nähe ihrer adoptierten Freunde.

Auf diese Weise lebte sie ihr Leben zwölf weitere Jahre lang. Nur selten ging sie aus und niemals ging sie so weit, dass sie die Käfige nicht mehr sehen konnte. Häufig saß sie zu Füßen eines Käfigs – sie stand nicht, sie postierte sich, als ob sie Wache hielt.

Bis zum heutigen Tag wissen wir nicht, was sie damit beabsichtigte. Wir vermuten, dass sie an jenem Tag, als sie den Sittich verschlang, irgendwie wusste, dass ihr Tun falsch war. Den Rest ihres Lebens verbrachte sie also damit, für ihre Sünde auf kuriose Weise Katzenabbitte zu leisten. Ob das jedoch wirklich so war, kann nur Tigger beantworten.«

Diese Geschichte ähnelt vielen der guten alten Mythen über Katzen und Vögel, die versuchen, die Gesetze der Evolution außer Kraft zu setzen. Und doch geschehen oft Dinge, die die Ausnahme von der Regel sind – einer Regel, die vielleicht gar nicht so ist, wie wir dachten. Zwischen Feder- und Fellträgern gibt es immer wieder einen Kontakt, der uns nur überraschen kann.

La Fontaine, der französische Fabeldichter aus dem 18. Jahrhundert, hatte darüber einiges zu sagen in seiner bekannten Geschichte von der Katze, die den Spatzen fraß: Sie waren die besten Freunde, bis die Katze das Fleisch des Spatzen kosten wollte. Seht euch eure Freunde genau an, rät der Autor, denn eure besten Freunde könnten eure schlimmsten Feinde sein.

Andererseits gibt es da den Kater Otis, der wie Tigger Vögel ebenso wohlwollend adoptierte wie Menschen. Einmal wurde beobachtet, wie er einen halb erfrorenen Star, der im Schnee lag, vorsichtig aufnahm, nach Hause trug und ihn vor das Feuer legte. Danach beobachtete er wohlwollend, wie sein Herrchen den Vogel fütterte und wieder freiließ. Was soll man über solche Katzen sagen?

Andererseits scheint diese Beziehung nicht einseitig zu sein, denn auch Vögel können bei Gelegenheit Katzen adoptieren. In Sir Richard Burtons Kurzgeschichte *The Cat and the Crow* findet sich ein Beweis. Hier eine kurze Zusammenfassung:

Es war einmal zu einer Zeit, da lebten eine Krähe und eine Katze wie Brüder zusammen. Eines Tages, als sie zusammen unter einem Baum saßen, entdeckten sie einen Leoparden, der auf sie zuschlich. Die Krähe flog sofort zum Baumwipfel hinauf, aber die Katze sagte zu der Krähe: »Ach, mein Freund, hast du keine Möglichkeit, mich zu retten?«

In der Nähe des Baumes befanden sich einige Hirten mit ihren Hunden. Also flog die Krähe zu ihnen und schlug wie verrückt mit den Flügeln, wobei sie krächzte und krähte. Außerdem schoss sie auf einen der Hunde zu und schlug ihm mit den Flügeln an den Kopf. Während der Hund ihr nachsetzte und sie fangen wollte, flog sie abwechselnd nah am Boden und dann wieder etwas höher. Dabei führte der Vogel sie und ihre Herrchen immer näher an sein Ziel heran: den Baum, unter dem der Leopard saß. Als die Hunde den Leoparden entdeckten, stürzten sie sich auf ihn. Somit wurde die Katze durch die Kunst ihrer Freundin, der Krähe, gerettet.

Kleine Katzenkunde

Die Türkische Van ist eine Angorakatze: weiß mit roten Flecken am Kopf und roten Ringen am Schwanz. Es gibt keine anderen Varianten, außer dass die Katze manchmal verschiedenfarbige Augen hat – jedes Auge hat eine andere Farbe. Das Fell ist flauschig und lang und der Schwanz ist voll. Im Allgemeinen haben diese Katzen nichts gegen ein winterliches Klima, aber wie viele andere Rassen bevorzugen auch sie die Wohnung.

Der Kopf ist klein und leicht dreieckig. Die Augen sind ebenfalls klein und liegen nahe beieinander. Die Ohren haben kleine Haarbüschel und sind recht groß. Um bei der Van potentieller Nervosität vorzubeugen, sollte man sie von der Kindheit bis zum Erwachsenenalter viel beschäftigen.

Die Türkische Van findet sich in der Natur bei ihrem Namensgeber, dem Vansee in der Türkei. Die Rasse entwickelte sich in Wassernähe und hat eine Neigung hin zu allem Feuchten. Die Katze schwimmt sogar gern. Sie entspringt einer alten Zucht und wird seit Jahrhunderten als Haustier gehalten. In der Türkei ist ihr Mut, ins Wasser zu gehen, berühmt. Sie schwimmt sogar im Hafen, um eintreffende Fischerboote zu begrüßen. Tigger, einer reinen Wohnungskatze, standen keine solchen Gewässer zur Verfügung, aber sie genoss es, in eine Wanne mit kaltem Wasser zu klettern und darin mit einem zufriedenen Ausdruck im Gesicht zu sitzen.

Diese Zucht gilt im Westen als neu und wird noch nicht überall anerkannt. Im *The Reader's Digest Illustrated Book of Cats* heißt es, dass Laura Lushington und Sonia Halliday 1955 aus der Türkei nach England zurückkehrten und zwei Katzen aus dem Gebiet um den Vansee mitbrachten. Vier Jahre später holten sie zwei weitere Katzen. Die weißen Kätzchen mit den rotbraunen Markierungen waren der Ausgangspunkt für die Zucht der Türkischen Van. Sie wurde in Großbritannien 1969 und in Nordamerika 1985 offiziell anerkannt.

Der Mythos der mütterlichen Katze findet sich rund um den Globus. In Südindien gibt es beispielsweise eine Hindu-Sekte, die sagt: »Gott schaut auf uns, wie eine Mutterkatze auf ihre Kätzchen: mit unvoreingenommener Liebe.« Bastet, die Mutterfigur aller Katzen, bekam später den Zweitnamen »Mut«, was so viel wie »Weltmutter« bedeutet. In Theben führte eine Allee von Sphinx-Skulpturen zu ihrem Tempel. Außerdem trugen alle frisch verheirateten Frauen ein Katzenfamilienamulett (Mutterkatze und Kätzchen), wobei die Anzahl der Kätzchen auf dem Anhänger der Anzahl der Kinder entsprach, die sich die Frau wünschte.

In Ostindien wurde die Geschichte der Adoptivfamilie mit Katze und Maus von Bidpai weitererzählt. Seine Fabel *Die Katze und die Maus* ist in Persien sogar noch viel bekannter als in seiner Heimat. Bidpai, Hofnarr in Indien, erzählte Geschichten, um den König zu erfreuen und das etwas später, als Äsops Fabeln im antiken Griechenland die Runde machten.

Den Höhepunkt all dieser Geschichten über Katzen mit Muttergefühlen im Nahen und Fernen Osten bildet natürlich die Liebe des Propheten Mohammed zu Muessa, seiner geliebten Katze. Er hat seine Katze immer gut umsorgt. Und obwohl er mit gezücktem Schwert durch Arabien eilte, lernte er seine Geduld, so heißt es, von einer außergewöhnlichen mütterlichen Lehrerin – von Muessa, seiner Katze. Indem er sich lieber den Ärmel abriss, als seine schlafende Freundin zu stören, sorgte er dafür, dass seither alle Katzen auf dieselbe Art behandelt werden, wie man seine eigene Mutter behandeln würde.

Die Märtyrer-Katze

Ragdoll

Jack Kerouac verbrachte die letzten Jahre seines Lebens mit seiner Katzen-Familie. Seine Zuneigung zu einer von ihnen übertraf sogar jedes mitmenschliche Gefühl. Stärker als alle anderen liebte er eine Katze mit dem Namen Tyke, eine Katze, die er mehr schätzte als sich selbst.

Tyke war nicht nur der Freund des Autors: Er war ein mystischer Gefährte, der eines Tages gänzlich unerwartet für Kerouac zu einem Heiligen und Märtyrer wurde.

Während der Autor an der Westküste weilte und Material für sein Buch *Big Sur* sammelte, verstarb Tyke urplötzlich und warf Kerouac in die Tiefen der Depression.

Ann Charters, die Autorin von *Kerouac: A Biography*,

215

schreibt, dass Jacks Bindung an Tyke aus seiner eigenen dunklen Vergangenheit heraus zu erklären ist. Hier folgt ihre Sicht der Dinge:

»Jack wusste, dass niemand verstehen konnte, wie verrückt seine Gefühle für die Katzen immer schon waren. Dass er Katzen irgendwie mit seinem Bruder Gerard identifizierte, der ihn die Liebe zu Katzen gelehrt hatte. Selbst dreißig Jahre später brachte Tykes Tod die schmerzlichen Erinnerungen an Gerards Tod mit sich, aber es war auch eine Erinnerung an die Einsamkeit seines eigenen Lebens in Northport, in das Kerouac zurückkehren würde.«

Um seinen verstorbenen Bruder Gerard trauerte Kerouac in zahlreichen Texten. Merkwürdigerweise ähnelte Tykes Tod Kerouacs eigenem. Die letzten Seiten von *Big Sur* beschreiben die manischen Ritualhandlungen eines Autors, dessen alptraumhafte Vision des Lebens von Trauer verzehrt ist. Ann Charters schreibt über diese Zeit:

»In der Morgendämmerung, fast hatte er den Verstand verloren, fand er endlich Erleichterung, indem er seinen toten Kater Tyke rief und plötzlich Schreie hörte, die durch seinen Kopf gellten. Er hatte intuitiv das Gefühl, dass er in einem besonderen Zustand der Gnade weilte, wenn er das nur etwas länger herauszögern konnte. In diesem Augenblick wurde er mit der Vision eines Kreuzes belohnt, das durch seinen langen qualvollen Alptraum hindurchbrach und ihm süße Erleichterung verschaffte.«

Eine weitere interessante Tatsache ist, dass Kerouac seinen Bruder Gerard mit Katzen und Kruzifixen in Verbindung brachte. Er war davon besessen, auch von dem, was er die

»göttliche Liebe seiner Mutter« nannte. In seiner Liebe zu Katzen finden sich Ritual, Buße und Opfer, wenn auch von der sanftesten Art. Hier ein Beispiel aus Kerouacs *Traumtagebuch*:

»Die kleine Katze, die ich in meinen Händen hatte, mit so einem süßen traurigen kleinen komischen Gesicht und grauen Augen und schließlich sagte sie mit kleiner kläglicher Stimme, wie Gerard's, »J'aime pas demain« und ich sagte »Moi auch mon ange!« und fühlte mich zum Heulen, genau wie gestern bei Ma, als ich in einem New Yorker Restaurant ihre Stimme übers Telefon hörte, mir tat das Herz weh nur vom Klang und der Einsamkeit in ihrer Stimme, ich hatte sie das ganze Wochenende am Laborday allein gelassen und rief erst nachts in der letzten Minute an und sagte, dass ich kommen würde – dieser klägliche Ton, den Gerard von ihr hat und der auch in meiner eigenen Stimme ist, wenn ich meinen Katzen Koseworte sag – dieses Kätzchen war ein Engel und sagte die Wahrheit.«

In einem anderen Abschnitt träumt Kerouac von einem großen unheimlichen Hund, einer gewaltigen, mageren Riesendogge, die mit Jacks Katze im Maul über die Straße springt:

»Ich fang an zu rennen, um sie aufzuhalten – ich weiß, es ist zu spät – mein armes liebes Kätzchen wird sterben, ich weiß, mein kleiner Hüpfer *ist* bereits in der Kehle dieser Baskerville-Bestie – oh, von wo kam nur dieses furchtbare geisterhafte Untier??!!«

Das Diorama von Kerouacs Psyche ist eine Art Theater der Katzen, die von den Halluzinationen des Autors verfolgt werden. In *Big Sur* denkt Kerouac über den Tod von Tyke ausführlich nach und schreibt dabei sehr zärtlich über seinen Freund. Normalerweise bedeute den meisten Männern der Tod einer Katze sehr wenig. Aber für ihn sei es genau wie der Tod seines kleinen Bruders. Er habe Tyke von ganzem Herzen geliebt, er war sein Baby und schlief als Kätzchen auf seiner Handfläche und sein kleines Köpfchen hing dabei über die Seite. Oder er schnurrte einfach stundenlang, solange Kerouac ihn hielt, ob er ging oder saß. Er sei wie ein flauschiges Stück Fell gewesen, das um sein Handgelenk gewickelt war und dabei schnurrte. Und auch als der Kater schon groß war, hielt Kerouac ihn noch so. Er habe diesen großen Kater sogar mit ausgestrecktem Arm über seinem Kopf halten können und dieser habe einfach nur geschnurrt. Er hatte absolutes Vertrauen zu Kerouac.

Tykes transzendente Eigenschaft wird auch von der Mutter des Autors, Memere, zum Ausdruck gebracht, die über Tykes Beerdigung schrieb:

»Ich vergrub ihn unter den Geißblattbüschen, in der Ecke, beim Zaun. Ich kann weder schlafen noch essen. Immer schaue ich und hoffe, dass ich sehe, wie er durch die Kellertür kommt und »Ma Wau« ruft. Ich bin richtig krank und das Verrückteste passierte, als ich Tyke beerdigte. Alle die Amseln, die ich den Winter über gefüttert hatte, schienen zu wissen, was vor sich ging. Ehrlich, mein Sohn, das ist keine Lüge. Haufenweise flogen sie über meinen Kopf hinweg und zwitscherten und ließen sich auf dem Zaun nieder, noch eine ganze Stunde, nachdem ich Tyke zur Ruhe gebettet hatte – ich wünschte, ich hätte einen Fotoapparat zur Hand gehabt, aber Gott und ich wissen, wie es war, und haben es gesehen. Nun, mein Liebling, ich weiß, es wird dir sehr wehtun, aber ich musste es dir einfach sagen.«

Die so genannte *Legend of Duluoz* das Leben von Jack Kerouac, wie es in seinen zwanzig Romanen verarbeitet wurde, ist für uns wie für diesen Krieger der Straße, Jack Kerouac, eine Offenbarung. Aber es zeigt sich hier auch die Trauer eines Mannes, der die Träume seiner Jugend nicht in den Griff bekommen konnte. Seine Visionen von Schicksal wurden von seiner Erfolgsbesessenheit zerstört und später von seinem Wunsch, sich von der Qual des Ruhms wieder zu befreien.

Tyke zeigt Kerouac, wo dieser am verletzlichsten ist, er, der sich an eine Katze klammert, die seine Vergangenheit, seine Gegenwart und seine Zukunft verkörpert. Tyke war die heilige Katze, die Märtyrerkatze, die Katze, in deren Gegenwart der Autor vorübergehend Erleichterung erfuhr vom Leiden an der Welt. Wenn Kerouac Tyke hielt, dann hatte er das Gefühl, diese Erleichterung würde ewig währen.

Kleine Katzenkunde

Laut Jack Kerouac war Tyke ein großer herrlicher gelber Perserkater, von der Art, die man Calico nennt. Wir haben keine genaue Aufzeichnung von Tykes Stammbaum, aber aus der Beschreibung von Jack Kerouac lässt sich schließen, dass es sich bei Tyke um einen Ragdoll-Kater handelte. Hier die Erklärung: Der Autor sagt, sein Kater sei fügsamer, als man glauben mochte, und wurde schlaff, wenn man ihn hochhob, wie ein flauschiges Stück Fell. Er erzählt, dass das Tier in seiner Hand schlief und schnurrte, wenn er es über seinen Kopf hielt. Das sind Merkmale der Ragdoll, die aus einer Kreuzung von Persern und Siamesen stammt.

Die Ragdoll ist eine ziemlich große Katze mit weichem, nicht zu langem Fell. Der Kopf hat die typische Keilform der Siamkatzen und die Augen sind blau. Die Ragdoll gibt es in Bi-colour, mit hellem Körper und dunkler Maske, dunklen Ohren und dunklem Schwanz, aber auch als Seal-, Blue- oder Lilac-Point. Die Mitted-Ragdoll hat einen cremefarbenen Körper und weiße Pfoten.

Der ideale Besitzer für eine solche Katze könnte durchaus ein Schriftsteller sein, allerdings einer, der sehr ruhig ist. Diese Katze hat ein sanftes Naturell und mag es nicht, wenn sie gestört wird oder an störenden Dingen teilhaben muss.

Ein weiteres Merkmal der Ragdoll ist ihr geduldiges Naturell. Selbst wenn diese Katze vor Kerouacs Abreise insgeheim krank gewesen wäre, hätte sie das – laut vielen Zuchtbüchern – keinesfalls durchblicken lassen. Ragdolls haben eine hohe Schmerzgrenze und sie jammern für gewöhnlich nicht, weder über die kleinen noch großen Probleme des Lebens.

Als der Roman *Big Sur* 1963 als Taschenbuch auf den Markt kam, versuchte man damit, aus Kerouacs Liebe zu Katzen, seiner Liebe zu Tyke, ein Vermögen zu schlagen: Der König der Beatniks – ein gefoltertes, zerbrochenes Idol einer ganzen Generation. Der große, moderne Sexgott, der einfach nur allein mit seiner Katze sein wollte. Wir möchten hinzufügen, dass so gesehen die Katze, die wahrscheinlich an Einsamkeit starb, das Alter ego des Autors versinnbildlichte, seinen geistigen Zustand.

Die Märtyrerkatze ist seit den ersten Bestiarien im Mittelalter Thema philosophischer Abhandlungen. Doch auch schon zuvor verehrten sie die Europäer in ihrem heidnischen Kult der Kornmutterkatze und beerdigten sie auf den Feldern, um ihr Getreide zu nähren.

T. H. White, Verfasser von *The Bestiary*, meint, dass die Katze einst eine Metapher für Jesus Christus war. Die Katze als Tier von vielen Farben trage viele Arten der Weisheit in sich: spirituelle, weltliche, allmächtige und allessehende. White schrieb, dass auch die Schönheit der Katze als Entsprechung zum Sohn Gottes gesehen wurde.

Doch für die mittelalterlichen Mönche war der wichtigste aller Aspekte der Märtyrertod von Jesus Christus. Auch das wurde mit den Opfern verglichen, die die Katze der Menschheit dargebracht hatte. Ebenso wie die Worte von Jesus Christus als süß galten, hielt man auch den Atem der Katze für süß, aus goldenem Nebel bestehend, sich in Smaragde verwandelnd.

Obwohl Katzen in der Bibel nicht explizit erwähnt werden, findet man einen wohlwollenden Kommentar im Talmud.

In *The Gospel of the Holy Twelve*, herausgegeben von Reverend G. J. Ouseley, 1923 in London, gibt es Hinweise auf eine sehr alte Legende: In derselben Höhle waren ein Ochse, ein Pferd, ein Esel, ein Schaf und unter dem Futtertrog eine Katze mit ihren Kätzchen. Oben saßen Tauben und alle hatten einen Partner ihrer eigenen Art.

Im selben Text verteidigt Jesus eine Märtyrerkatze in den Straßen eines Dorfes. Da man weiß, dass der junge Jesus einige Zeit in Ägypten verbracht hat, wo Katzen verehrt wurden, kann es kaum einen Zweifel daran geben, dass *The Gospel of the Holy Twelve* einige der frühesten christlichen Geschichten in sich vereint.

Die künstlerische Katze

Weiße Perser

Schriftsteller, die Katzen lieben und über sie schreiben, können gar nicht anders – bei allem, was sie zu Papier bringen, schleicht sie auf leisen Pfoten heran und wedelt mit dem Schwanz. Carl Van Vechten schrieb beispielsweise außer seinem Klassiker *The Tiger in the House* noch eine Reihe von anderen Büchern und alle tragen sie kleine Fellbüschel der Bastet in sich.

Nehmen Sie beispielsweise *The Life and Times of Peter Whiffle*, das auf den ersten Blick die Biographie eines Gentlemans aus den Zwanzigerjahren ist. Dort gibt es einen lebhaften Austausch zwischen Mr. Whiffle, Edith Dale und der im Ausland lebenden amerikanischen Dichterin Mina

Loy. Zweifellos eine der besten Katzenplaudereien, die je geschrieben worden sind.

Die Unterhaltung zwischen den drei Personen findet im Jahr 1913 in einer Villa in Florenz statt. In erster Linie geht es um Kunst, aber als ein herrlicher weißer Perser mit porzellanblauen Augen in den Raum schreitet, erfolgt eine wunderbare Wendung: Es geht um das Thema der künstlerischen Katze. Die Besitzerin der Villa, Edith Dale, erklärt, dass die Kunst Katzen gegenüber unterwürfig sein muss. So beginnt sie diese kuriose Unterhaltung, die sich bald in einen Vortrag über Kunst und die Kunst zu leben verwandelt. Ms Dale spricht von der Mythologie der Katzen und schneidet alles an, was im Laufe der Jahrhunderte über Katzen gedacht und gesagt worden ist. Ihre Ausführungen tragen die ganze Größe, Geringschätzung und Arroganz des weißen Perserkaters in sich, der sie dazu inspirierte:

»Große Künstler gehen ganz in ihrer Arbeit auf; die Katze niemals. Männer wie Stieglitz und de Meyer gehen in ihrer Kamera auf, aus diesem Grund sind ihre Fotografien so wunderbar; aber die Katze gibt sich nie einer Kamera hin. Die großen Eroberer gingen ganz in ihren Taten auf; eine Katze tut das nie. Liebende gehen ganz im Wesen des geliebten Menschen auf, suchen dort ihre Identität; eine Katze tut das nie. Mystiker versuchen, sich in Vereinigung mit ihrem Gott zu finden; eine Katze tut das nie. Musiker gehen ganz in ihren Instrumenten auf; eine Katze tut das nie. Indianische Männer, die auf dem Feld arbeiten, gehen ganz in der Erde auf, damit sie in Form von Weizen oder Mais etwas zurückerhalten, um ihren Körper zu nähren; eine Katze tut das nie. Navajo-Frauen, die Decken weben, gehen völlig in

224

der Arbeit an der Decke auf; eine Katze tut so etwas nie und nimmer!

Also zentrieren alle ihr Selbst irgendwo außerhalb ihrer selbst, jeder verlässt seinen Körper. Die Katze tut das nicht. Jeder hat ein falsches Zentrum. Nur die Katze aus der Familie der *Felidae* ruht wirklich und wahrhaftig in sich selbst. Hunde und andere Tiere zentrieren sich in Menschen und sind daher offen für Einflüsse. Die Katze bleibt bei sich und kann niemals beeinflusst werden.

Immer schon wurden durch diese falsche Mitte Wunder gewirkt – indem die Menschen ein Ventil, eine Ausdrucks-möglichkeit, Macht suchten. Doch alles war nur vorüber-gehend befriedigend, wie Darmbewegungen, denn mehr ist dies nicht auf der psychischen Ebene. Die Katze ist Magie, ist in sich selbst Macht. Die Katze weiß, wie man lebt, sie ruht in ihrem eigenen Körper, denn das ist der ein-zige Ort, wo sie leben kann! Das ist der einzige Ort, wo sie das Hier und Jetzt erleben kann!

Natürlich besitzen alle Menschen mit falscher Mitte eine Art von magischer Macht, denn jedes Konzentriert-Sein ist Macht, aber sie ist nicht von Dauer und befriedigt sie nicht. Die Kunst ist die größte Täuschung von allen – je besser die Kunst, desto größer die Täuschung. Es ist nicht nötig, eine Erfahrung zu objektivieren oder zum Aus-druck zu bringen. *Nötig* ist nur, *zu sein*. Die Katze weiß das. Vielleicht wurde die Katze aus diesem Grund so verehrt. Vielleicht fühlten die Menschen alter Zeit, dass die Katze die Wahrheit in sich trägt.

Sehen Sie, wohin uns diese Gedanken führen? Die gan-ze Welt folgt wie wild einer Fata Morgana; nur die Katze bleibt zu Hause. Schauspieler verstehen das. Sie bekom-men nur dann ein Gefühl für die Realität, wenn sie sich in eine Rolle werfen . . . eine falsche Mitte.

Die Katze begreift das reine Sein, das alles ist, was wir wissen müssen, und das zu lernen ein ganzes Leben erfordert. Es ist sowohl Subjekt als auch Objekt. Es ist. Der Rest von uns ist aufgeteilt in Teile – ein Teil hier, ein Teil da. Nur die Katze bildet eine absolute subjektive Einheit. Sie ruht in ihrer eigenen Mitte und strahlt in alle Richtungen Elektrizität aus. Sie ist magnetisch und unzugänglich. Ich kenne Menschen, die sich eine Katze halten, damit sie die Elektrizität aus ihr herausstreicheln können. Warum wissen sie nicht, wie man elektrisch wie die Katze sein kann? Die Katze ist das beste Beispiel für das *Ich bin*. Wer von uns ist schon so absolut dieses ›Ich bin, der ich bin‹?

Sehen Sie sich in der Welt um! Jeder geht in irgendeiner Form in etwas anderem auf! Warum nur? Das führt zu nichts. Am Ende erschöpft man die Möglichkeiten der äußeren Welt, geographisch und spirituell. Man kann die Außenwelt regelrecht aufbrauchen. Man kommt zum Ende des Objektivierens und der Objekte, und was dann? Am Ende haben wir nur das, womit wir angefangen haben – das Selbst im Körper, das Selbst zu Hause, wo es die ganze Zeit war, während Teile von uns draußen herumwanderten.«

Ist es nicht interessant, wie Katzen, die selbst nichts sagen, so viel in den Mund gelegt wird von Leuten, die versuchen, sie zu beherrschen, ihren einstigen Freunden? Wir Menschen lieben Katzen mehr als Metapher denn als reales Wesen, so hat es zumindest den Anschein. Aber wie auch immer, die Katzen haben das Sagen: Sie besitzen uns, niemals umgekehrt.

Diese umwerfende Chrysantheme von einer Katze, die der Welt als weiße Perser bekannt ist, stammt in Wirklichkeit von der türkischen Angorakatze ab. In Großbritannien wird jede Farbe der Perserkatze als eigene Zucht betrachtet, aber in den Vereinigten Staaten sind alle einfach Perser mit unterschiedlichen Farben. Die einzige Unterscheidung bei weißen Perserkatzen wird bei der Augenfarbe getroffen, die orangefarben, blau oder verschiedenfarbig sein können. Das Fell ist stets dick und dicht mit einer löwenartigen Mähne. Das Gesicht ist flach und rund, die Nase kurz. Die Ohren sind an der Spitze abgerundet und relativ klein, mit Haarbüscheln im Innern.

Der Körper der klassischen Perserkatze ist breit und robust, mit kurzen, dicken Beinen und großen, runden Pfoten. Sie ist nicht gerade als besonders sportliche Katze bekannt, obwohl es zahlreiche Beispiele dafür gibt, dass Perserkatzen außergewöhnliche Leistungen vollbrachten. Beispielsweise der schwarze Perserkater, der drei Meter hoch springen und zwischen all den Nippessachen auf einem hoch gelegenen Regal landen konnte.

Historisch gesehen waren die Perser Tempelkatzen, Gefährten von Königen, Gesandte der Seele, die vom Leben zum Tod hinübergingen. Das wappenartige Gesicht der Perser machte sie u. a. zu der vollkommenen, kaltäugigen Ergänzung des kriminellen Meisterhirns Blofeld bei James Bond. Die klassische Passivität der Katze findet sich in der Wolke an Fell, in dem flachen Gesicht und in den stechenden Augen, die so unergründlich und so blank wie der Himmel sind. In Wirklichkeit ist die Katze von Blofeld, die in den Kinofilmen *Man lebt nur zweimal* und *Diamanten-*

fieber auftaucht, eine schneeweiße Chinchilla, deren angemessen biblischer Name Solomon lautet.

Von allen Rassen ist die Perserkatze weltweit immer noch die beliebteste. Möglicherweise stammt diese Beliebtheit von der persischen Legende über König Hormus, dem ein seherischer Priester voraussagte, dass sein Königreich eines Tages belagert werden würde. »Ihr werdet nur 12 000 Männer haben«, meinte der Seher, »aber ihr müsst 300 000 Feinde besiegen.« Der König flehte ihn an, ihm zu sagen, wie er dieses Ungleichgewicht zu seinen Gunsten beheben könne, und der weise Mann antwortete: »Ihr werdet irgendwo in eurem Königreich einen Mann mit dem Gesicht einer Katze finden müssen.« Als die Zeit kam – fand der König den Mann mit dem Katzengesicht und besiegte die feindlichen Armeen.

Vielleicht kommt diese Beliebtheit aber auch von dem alten gälischen König, der den Kopf einer Katze hatte. Sein Name lautete Carbar und in Irland werden bis zum heutigen Tag Geschichten von den Katzenarmeen erzählt, die in die Schlacht zogen, und von Kriegern mit merkwürdigen Katzenfellen auf ihren Helmen.

Eine persische Überlieferung aus dem 14. Jahrhundert lobt den Perserkaterhelden in dem großen Krieg zwischen Katzen und Ratten. Ein solcher Kampf ist übrigens weltweit in Legenden zu finden und nur wenige Nationen kennen keine eigene Version davon. Es heißt, dass die Ratten überlegene Waffen besaßen. Doch die Katzen hatten ihre natürliche Ausstattung: Klauen, Fangzähne und Schlauheit. In der entscheidenden Schlacht wird der heldenhafte Kater doch zunächst gefangen genommen. In einer Version der Geschichte erlangen die Ratten infolge dieser Gefangennahme den Sieg. In einer anderen Version wird der Katzenheld jedoch von dem Rattenführer unterschätzt, der den Gefangenen einfach nur an einen Pfosten binden lässt. Mit Klauen wie ein Adler und dem Schwanz einer Schlange reißt sich der heldenhafte Perserkater von seinen Fesseln los und jagt ganz allein sämtliche Ratten in die Flucht.

So kommt es also, dass die Katze und die Ratte zu den bekanntesten, universellsten Fabeltieren gehören, die wir in unserer Kulturgeschichte haben. Doch unter den Katzen ist keine eleganter, keine ausdauernder und keine heldenhafter als die Herrscherin des Wolkenreiches mit dem stechenden Blick, die künstlerische Perserkatze.

Die archetypische Katze

Tabby

William Blake dachte zweifelsohne an die archetypische Katze, als er das schönste Katzengedicht von allen, *Der Tiger*, verfasste. Das Gedicht ist wie die Katze, die es inspirierte: eine Reihe von unbeantworteten und weitgehend nicht zu beantwortenden Fragen. Die Illustrationen, die der Dichter für die Originalausgabe selbst fertigte, sind gleichermaßen rätselhaft. In einigen Ausgaben des Buches ist der Tiger eine unersättliche Bestie, in anderen scheint er eine zahme Miezekatze zu sein. Vielleicht ist das Tier ein wenig von beidem und wird es immer sein: eine Kombination aus Tiger und Kätzchen mit Tigerzeichnung.

Ist der Umstand, dass diese Großkatze sich niemals neben das Lamm legen wollte, der Grund dafür, dass wir sie vergessen haben? Der Dichter Halsey Davis erinnert sich an seine Armeezeit an der Grenze zwischen Burma und China während des Zweiten Weltkriegs und an eine Nacht, als ein Tiger – direkt aus William Blakes imaginärer Welt – in sein Zelt spazierte.

»Wir lagerten im Grenzgebiet in der Nähe des Rollfeldes, als ein Tiger in unser Lager kam. Wir schliefen, oder sollten zumindest schlafen. Aber in manchen Nächten lag ich wach und hörte den singenden Fröschen oder dem Regen zu oder lauschte einfach nur. Genau das tat ich, als der Tiger unser Zelt betrat.

Er spazierte herein, schöner, als man es sich vorstellen kann – der großartigste und prachtvollste Tiger überhaupt. Die Holzplattform unter dem Zelt knackte unter seinem Gewicht, als er von Liege zu Liege stapfte und an den Köpfen schnupperte. Ich glaube nicht, dass außer mir noch jemand wach war. Ich lag in einer Lache aus kaltem Schweiß und versuchte, mein Herz zu beruhigen. Mir schien es ein Jahrhundert zu dauern, bevor er endlich zu mir kam und sein breites Gesicht mit den Schnurrhaaren zu mir heruntersenkte.

Ich konnte seinen Atem riechen und der roch nicht minzig, das kann ich Ihnen versichern. Dieser gewaltige Schädel füllte den Raum über mir völlig aus, so dass es darunter richtiggehend wärmer wurde. Er stand eine ganze Zeit neben mir und in dieser Zeit floss mir die Lache aus Schweiß, in der ich lag, ins Kreuz. Mir war gleichzeitig eiskalt und schrecklich heiß, eine Erfahrung, die ich niemals vergessen werde. Zu guter Letzt verschwand der Tiger, aus unerfindlichen Gründen. Als er sich umdrehte, um durch den

schmalen Durchgang zwischen den Liegen hinauszuge-
hen, schlug sein nach oben gebogener Schwanz gegen
mein Bett und dessen Festigkeit ließ mein Herz wie ein
kleines Vögelchen rasen.

Das Letzte, an das ich mich erinnere, nachdem ich es
wagte, die Augen zu öffnen, war dieser herrliche Tiger, der
in dem Eingang des Zeltes stand und die friedliche,
schlummernde Atmosphäre ein letztes Mal in sich aufnahm. Das durchscheinende Mondlicht breitete sich
nebelhaft hinter dem riesigen Katzenkörper aus. Der Tiger
stand reglos, nicht ermutigt vom Mond, sondern still im
Mond. Sein Kopf – und daran erinnere ich mich nach all
diesen Jahren noch am deutlichsten – war so breit wie ein
Felsen. Es löschte irgendwie alles andere aus, als diese riesige Katze dort bewegungslos verharrte.

Was tut er? Was denkt er? Ich habe mir diese Fragen oft
gestellt und fand niemals eine zufrieden stellende Antwort. Dann drehte der Tiger sich um, die Streifen gingen
ineinander über und er verschwand in die helle burmesi-
sche Nacht.«

Die Faszination des Menschen von Tigern, ob groß oder
klein, scheint bisweilen auf Gegenseitigkeit zu beruhen.
Sind wir für sie so interessant wie sie für uns? Haben
Großkatzen nicht nur ein kulinarisches, sondern auch ein
philosophisches Interesse an menschlichen Wesen? Hauskatzen scheinen unsere Interessen, unsere Hobbys, unsere
Arbeit und unsere Ruhezeiten faszinierender zu finden als
wir. Auch sie folgen uns, beobachten uns unauffällig aus
der Ferne. Sie nehmen unsere Reaktionen auf Dinge wahr,
die ihnen unbekannt sind, und sie garantieren uns eine Pri-
vatsphäre, die uns andere Tiere – Hunde zum Beispiel –
nicht so ohne weiteres zugestehen.

Wenn wir nur nicht so geschickt darin wären, uns gegenseitig durcheinander zu bringen. Wenn wir einander nur besser kennen würden. Wenn wir nur die Zeit und die Weisheit hätten, uns mit bedingungsloser Liebe zu erkunden. Und wenn wir nur in unsere jeweiligen Domizile marschieren könnten, wie es der Tiger aus Burma tat, neugierig, leise und ohne auch nur den geringsten Schaden anzurichten.

Leider war unser Zugang zu großen Katzen stets zu gefährlich, um gut für uns zu sein. Traurigerweise haben wir ihr Misstrauen geweckt, ihre gefährliche Verspieltheit. Und wir haben sie unter diesem großen Zelt, dem Zirkus, viel zu gnadenlos gequält. Wir haben sie in Käfige gesperrt, damit wir sie sicher beobachten können, und wir haben sie dabei auch ihres Edelmutes beraubt. Das alles ist zweifellos unsere Schuld. Edward Hoagland spricht in *The Courage of Turtles* von der beklemmenden Beziehung zwischen Dompteur und Tiger:

»Zuerst arbeitet er allein mit seinen Katzen, so geschmeidig und überlegen, wie Clyde Beatty es einst war, aber mit einem sanften, fruchtbaren, einfallsreichen Entzücken, einer sündigen, köstlichen Intimität und mit offener Freude. . . .. Er grüßt sie mit dem ›Wie‹ von Tiermann zu Tiger, eine Hand erhoben, die Handfläche flach, und klopft ihnen mit dem Griffende der Peitsche auf das Hinterende, um sie zum Schleichen oder zum Brüllen zu bewegen, völlig verwirrt.«

Die Verwirrung scheint uns von dem guten Kontakt zu diesen großen Katzen abgehalten zu haben. Das und die »sündige, köstliche Intimität«. Dies ist die Überfülle an verborgenen Gefühlen zwischen dem eingekerkerten Tier und dem denkenden menschlichen Wesen. Die Tiere, ob eingesperrt oder frei, sind immer in der Natur verankert und schauen aus ihren Käfigen heraus. Wir dagegen, die gefallenen Engel, sind ausgesperrt und schauen immer nur hinein. Unsere Unfähigkeit, zu kommunizieren, ist nicht auf unsere gegenseitige Vorliebe für Fleisch zurückzuführen, sondern vielmehr auf unsere absichtliche Weigerung, das zu akzeptieren, was William Blake das »furchtbar Gleichmaß« des Tigers nannte:

Tiger, Tiger, grelle Pracht
in den Dickichten der Nacht,
wes unsterblich Aug und Hand
wohl dein furchtbar Gleichmaß band?

Wir kennen die Antwort auf dieses getigerte Rätsel.

Kleine Katzenkunde

Die Tabby-Katze, d. h. eine Katze, die gestichelt, getupft, getigert oder gestromt ist – kann als keine eigene Rasse gelten. Vielmehr ist dies eine besondere Farbgebung, die im Laufe der Jahrhunderte zu einer Art Institution wurde. Einige Experten meinen, dass ihr Vorläufer die Kaffir-Katze war, ein gelbliches Tier mit Tigerstreifen, *Felis lybica*, das im Nordosten Afrikas noch immer frei herumstreift, bei Nacht jagt und in Bauten lebt, die andere Tiere gegraben haben. Carl Van Vechten, Autor von *The Tiger in the House*, erklärt, dass die Römer die ägyptische Katze lange vor dem fünften Jahrhundert nach England gebracht haben, und es gibt eine Theorie, derzufolge unsere moderne Tabby eine Kreuzung zwischen diesem uralten Tier und der britischen Wildkatze ist.

Jean Conger schreibt in *The Velvet Paw*, dass die erste domestizierte Katze eine so genannte Tabby war. Das Haustier der Pharaonen war eine gelbe Katze mit schwarzen Streifen, die zur Schwanzspitze hin immer ausgeprägter wurden. D. h. hier haben wir es mit einem Miniaturtiger zu tun, was uns zumindest die alten Wandmalereien am Nil-Ufer zwischen Memphis und Theben zeigen.

Andere Autoren, wie Frances und Richard Lockridge, sind der Ansicht, dass die Tabby schon im Jahr 500 v. Chr. in Irland heimisch war. Das stimmt zumindest mit den Mythen überein, die in diesem Land noch immer kursieren.

Doch wie es auch gewesen oder herbeigeführt worden sein mag: Die bernsteinfarbene, getigerte Tabby ist aus vielen Gründen äußerst beliebt. Nicht zuletzt aufgrund der Tatsache, dass diese Katze in Nord- und Südeuropa als typische Hauskatze gilt. Die Hauskatzen waren natürlich Mäusejäger und Butterwächter. Aber sie waren auch mystische Tiere, fähig zu allen Arten von Magie. In Irland schickten sie die Schlangen, die vom heiligen Patrick ins Meer geworfen wurden, zurück an Land. Manche meinen, dass dies das Gleichgewicht der Natur wiederherstellte, andere sind der Ansicht, dass es dadurch heikler wurde, in Irland zu leben. In der Tat liefert hier ein altes ägyptisches Katzen-Schlangen-Motiv den mythologischen Bezug. In Italien und anderen sonnigen Klimazonen galt die Tabby als Sonnenkatze, eine glückliche My-home-is-my-castle-Katze, aber auch als Glückstier von Anwälten, deren Schutzheilige sie war.

In einem Artikel mit dem Titel *What Color Is Your Cat?*, der vor kurzem in *Cat Fancy* erschien, schreibt Carolyn Osier über die Tabby und räumt mit der dubiosen Vorstellung auf, bei dieser Katze handele es sich um eine eigenständige Rasse. Sie erklärt unter anderem, dass es ein häufig anzutreffender Irrtum ist, die Tabby für eine eigene Rasse zu halten, denn diese Zeichnung kann bei jeder Rasse auftreten. Einige Katzen haben ein dominantes Gen, das die Tabby-Zeichnung unterdrückt und uns nur eine Farbe sehen lässt. Aber manchmal können wir trotzdem ein Muster erkennen. Sieht man sich eine schwarze Katze im hellen Sonnenlicht an, kann man schwache schwarze Streifen erkennen. Und häufig sehen wir »Geister«-Streifen an Kätzchen aller Farben.

Die dominanteste Tabby-Zeichnung ist bei den Abessiniern zu finden. Sie erinnern sich, das sind die Katzen mit dem Mascara um die Augen, wie es die ägyptischen Frauen so mochten; Mackerel (getigert) ist die häufigste Tabby-Zeichnung, schreibt Osier. Im Folgenden definiert sie die Feinheit dieser Zeichnung:

»Die Streifen reichen bis über den Scheitel und erweitern sich zur Form des königlichen ägyptischen Skarabäus ... Sie setzen sich über den Rücken der Katze fort, in Linien über die Wirbelsäule. In rechten Winkeln zu der Wirbelsäule führen gerade Linien über die Seiten der Katze und formen ein Fischgrät- beziehungsweise Tigermuster. Diese Katzen können schwarze Streifen auf einem hellroten Untergrund haben (braune Tabby), blaue Streifen auf einem elfenbeinfarbenen Untergrund (blaue Tabby), rote Streifen auf einem hellroten Untergrund (rote Tabby), cremefarbene Streifen auf einem hellbeigen Untergrund (cremefarbene Tabby), schokoladenfarbene Streifen auf Elfenbein (chocolate Tabby) und sogar lila Streifen auf einem weißen Untergrund (lilac Tabby).

Zusätzlich spektakulär ist eine so genannte gestromte

Zeichnung – auch ›classic‹ oder ›blotched‹ genannt – mit runden Augen an den Seiten und auf den Schultern. Es gibt auch eine getupfte Zeichnung, bei der die Linien und runden Augen in Flecken münden. Manchmal erscheint eine Tabby-Zeichnung auf einer Schildpatt- oder Blue-cream-Katze, so dass Teile davon in verschiedenen Farb-kombinationen auftauchen. Diese Farbkombinationen nennen wir dann gefleckte Tabby oder auch Torbie.«

Ungeachtet dessen, welche Zeichnung die Tabby besitzt, erklären unsere ältesten Mythen, wie diese wohlgenährte, leicht zu domestizierende, selbstgenügsame Katze zu dem wurde, was sie heute ist – ein Faulpelz. Die Regel lautet, dass sie nur das tut, wozu sie vor langer Zeit gezüchtet wurde. Laut der Legende lebte diese Katze einst in der Wildnis mit einem Tiger zusammen. Eines Tages, es war sehr kalt, bat der Tiger die Tabby, ihm etwas Wärme zu verschaffen, und die Tabby zog los, um Wärme zu finden. Sie entdeckte eine menschliche Behausung, in der ein warmes Feuer im Herd knisterte. Sie schlich sich durch das Fenster und stibitzte einen Holzscheit, mit dem sie zum Tiger zurückkehrte. Sie bot ihm das Feuer an und der Tiger bedankte sich artig. Aber nun hatte die Tabby ein Problem: Sie musste dauernd an diese fröhliche Szene am Feuer denken. Der warme Herd rief nach ihr und sie folgte diesem Ruf als veränderte Katze. Am Ende sagte sie zum Tiger: »Ich habe einen besseren Ort gefunden, vergib mir, wenn ich dort auf ewig bleiben sollte.«

Und genau das hat sie getan.

Danksagung

Wir möchten uns bei den folgenden Personen, die für uns von unschätzbarem Wert waren, für ihre Hilfe bei diesem Buch bedanken: Mariah Fox Hausman, Illustratorin aus Cutler Ridge (Florida); Hannah Hausman aus Coral Gables (Florida), wissenschaftliche Mitarbeiterin der Richter Library an der University of Miami; Philippe Brian Greaux, Autor, aus Coral Gables (Florida) sowie Jane Lindskold, Autorin, aus Albuquerque (New Mexico). Wir sind auch unseren Katzenkorrespondenten und -korrespondentinnen aus dem Internet überaus dankbar, die uns mit witzigen und wichtigen Geschichten versorgten: Virginia Andrews, Geoff Lalagy, J. Symmons-Brown. Ein besonderer Dank gilt den Katzenbesitzerinnen Janette Healy und Joanne Merritt, beide aus Pine Island (Florida) sowie Miriam und Mitzi aus Deer Isle (Maine). Zu guter Letzt winken wir mit unseren Schnurrhaaren den Sanibel-Geschichtenerzählern zu, Noel und Bert McCarry, für ihre Katzenlegenden und ihre Ermutigung und natürlich Bob Weil von der St. Martin's Press, dessen Tierliebe uns alle wieder zusammenbrachte.

Bibliographie

Altman, Roberta: *The Quintessential Cat*. Macmillan, New York 1994.

Amory, Cleveland: *The Best Cat Ever*. Little-Brown, Boston 1993.

Amory, Cleveland (Hrsg.): *Katzen-Zauber: Schnurrige Geschichten, zauberhafte Bilder*. Scherz, Bern 1993.

Amory, Cleveland: *Die Katze, die zur Weihnacht kam*. (Übersetzung: Christian Spiel). Bertelsmann Club, Gütersloh 1992.

Amory, Cleveland: *The Cat and the Curmudgeon*. Litte-Brown, Boston 1990.

Basho, Matsuo: *Auf schmalen Pfaden durchs Hinterland*. (Übersetzung: G. S. Dombrady). Dieterich, Mainz 1985.

Blake, William: *Lieder der Unschuld und Erfahrung*. (Übersetzung: W. Wilhelm). Insel, Frankfurt am Main 1975.

Cameron, Angus und Parnall, Peter: *The Nightwatchers*. Four Winds Press, New York 1971.

Caras, Roger A.: *A Celebration of Cats*. Simon and Schuster, New York 1986.

Caro, Frank de: *The Folktale Cat*. Barnes and Noble, New York 1992.

Carroll, Lewis: *Alice im Wunderland*. (Übersetzung: Christian Enzensberger). Insel, Frankfurt am Main 1963.

Carroll, Lewis und Gardner, Martin: *The Annotated Alice*. World, Cleveland/New York 1965.

Charters, Ann: *Kerouac: A Biography*. Warner, New York 1974.

Cirlot, J. E.: *A Dictionary of Symbols*. Philosophical Library, New York 1962.

Conger, Jean: *The Velvet Paw: A History of Cats in Life, Mythology, and Art*. Ivan Obolensky, New York 1963.

Corey, Paul: *Do Cats Think?* Henry Regnery, Chicago 1977.

Dale-Green, Patricia: *The Cult of the Cat*. Houghton Mifflin, Boston 1963.

Duggan, Colm: *Treasures of Irish Folklore*. Arlington House, New York 1983.

Gettings, Fred: *The Secret Lore of the Cat*. Carol, New York 1989.

Gilbert, John R.: *Cats, Cats, Cats*. Paul Hamlyn, London 1961.

Graves, Robert: *Die weiße Göttin*. (Übersetzung: Thomas Lindquist). Medusa, Berlin 1981.

Greene, David: *Die Katze – das geheimnisvolle Wesen.* Müller Rüschlikon, Zürich 1985.

Grossman, Gary H. und Weller, Robb: *A&E's Incredible World of Cats.* A&E Home Video/New Video Group, New York 1996 (Videokassette).

Gustafson, Ralph: *The Penguin Book of Canadian Verse.* Penguin, New York 1958.

Hamilton, Elizabeth: *Cats: A Celebration.* Scribners, New York 1979.

Hass, Robert: *The Essential Haiku: Versions of Basho, Buson, and Issa.* Ecco Press, Hopewell (New Jersey) 1994.

Hausman, Gerald: *Meditations with Animals.* Bear and Company, Santa Fe 1986.

Hausman, Gerald: *Auf dem Rücken der Schildkröte – Mythen der nordamerikanischen Indianer.* (Übersetzung: Monika Curths). Diederichs, München 1997.

Hemingway, Ernest: *Inseln im Strom.* (Übersetzung: Elisabeth Plessen und Ernst Schnabel). Rowohlt, Reinbek bei Hamburg 1995.

Howey, M. Oldfield: *Die Katze in Magie, Mythologie und Religion.* Fourier, Wiesbaden 1991.

Irons, Glenwood: *Gender, Language, and Myth: Essays on Popular Narrative.* University of Toronto Press, Toronto 1992.

Jarrell, Randal: *Die Tierfamilie.* Diogenes, Zürich 1984.

Joseph, Michael: *Cat's Company.* Hazell, Watson and Viney, London 1930.

Kerouac, Jack: *Traumtagebuch.* (Übersetzung: Werner Waldhoff). S. Fischer Verlag, Frankfurt am Main 1981.

Kerouac, Jack: *Big Sur.* Heyne, München 1984.

Kerouac, Jack: *Unterwegs.* (Übersetzung: Thomas Lindquist). Rowohlt, Reinbek bei Hamburg 1998.

Kherdian, David: *Country Cat, City Cat.* Four Winds Press, New York 1978.

Kherdian, David: *Threads of Light.* Two Rivers Press, Aurora (Oregon) 1985.

Khury, Samantha: *Samantha Khury: I Talk to Animals.* Produktion und Regie: Peter Friedman. WLIW, New York 1991 (Videokassette).

Kinsella, Thomas: *The New Oxford Book of English Verse.* Oxford University Press, New York 1986.

Kirk, Mildred: *The Everlasting Cat.* Overlook Press, Woodstock 1977.

Kuncl, Tom: *All about Cats*. Globe Communications, Boca Raton 1996.

Lahr, John: *Coward, the Playwright*. Methuen, London 1982.

Lindskold, Jane M.: »The Well-named Cat«. 1997 (noch unveröffentlicht).

Lockridge, Richard und Frances: *Von Katzen und anderen Menschen*. (Übersetzung: Elisabeth Hartmann). Ullstein, Berlin 1999.

Masson, Jeffrey Moussaieff und McCarthy, Susan: *Wenn Tiere weinen*. (Übersetzung: Catharina Berents). Rowohlt, Reinbek bei Hamburg 1996.

Méry, Fernand: *The Life, History, and Magic of the Cat*. Grosset and Dunlop, New York 1969.

Moyes, Patricia: *How to Talk to Your Cat*. Wings, New York 1993.

Oates, Joyce Carol und Halpern, Daniel: *The Sophisticated Cat*. Penguin, New York 1992.

Osier, Carolyn: »What Color Is Your Cat?« *Cat Fancy*, Juli 1997.

Pound, Ezra: *Lesebuch*. (Übersetzung: Eva Hesse). Suhrkamp, Frankfurt am Main 1997.

Powell, James: *Das Tao der Symbole*. Diederichs, München 1989.

Repplier, Alice: *The Fireside Sphynx*. Houghton Mifflin, Boston/New York, 1901.

Rilke, Rainer Maria: *Die Gedichte*. Insel Verlag, Frankfurt am Main 1998.

Ross, Lillian: *Hemingway – Ein Porträt*. (Übersetzung: Erika Gutermann). Limes-Verlag, Wiesbaden 1963.

Rutherford, Alice Philomena: *The Reader's Digest Illustrated Book of Cats*. Reader's Digest, Montreal 1992.

Saroyan, William: *Here Comes, There Goes, You Know Who*. Barricade, New York 1995.

Saroyan, William: *Tracys Tiger*. S. Fischer, Frankfurt am Main 1989.

Schneck, Marcus und Caravan, Jill: *Cat Facts*. Barnes and Noble, New York 1990.

Service, William: *Owl*. Knopf, New York 1969.

Siegal, Mordecai: *Simon and Schuster's Guide to Cats*. Fireside, New York 1983.

Simmons, Eleanor Booth: *Cats*. Whittlesey House/McGraw-Hill, New York 1935.

Spector, Norman B.: *The Complete Fables of Jean de la Fontaine*. Northwestern University Press, Evanston 1988.

Suares, Jean-Claude und Chwast, Seymour: *The Literary Cat*. Berkley, New York 1977.

Taylor, Theodore: *The Cat*. Avon, New York 1969.

Thomas, Elizabeth Marshall: *Das geheime Leben der Katzen*. Rowohlt, Reinbek bei Hamburg 1996.

Twain, Mark: *The Unabridged Mark Twain*. Running Press, Philadelphia 1979.

Van de Wetering, Janwillem: *Der leere Spiegel – Erfahrungen in einem japanischen Zen-Kloster*. Rowohlt, Reinbek bei Hamburg 1984.

Van Vechten, Carl: *Peter Whiffle: His Life and Works*. Knopf, New York 1923.

Van Vechten, Carl: *The Tiger in the House*. Dorset Press, New York 1989.

Warner, Sylvia Townsend: *The Cat's Cradle Book*. Viking Press, New York 1940.

Williams, Joy: *The Florida Keyes: A History and Guide*. Random House, New York 1993.

Williams, Oscar: *A Little Treasury of Modern Poetry English and American*. Scribners, New York 1952.

Williams, Tennessee: *One Arm and Other Stories*. New Directions, New York 1954.

Winslow, Helen M.: *Concerning Cats: My Own and Some Others*. Lothrop, New York 1900.

Wylder, Joseph: *Psychic Pets: The Secret World of Animals*. Stonehill, New York 1978.

Yeats, W. B.: *Werke I: Ausgewählte Gedichte*. (Übersetzung: Erich Kahler). Luchterhand Verlag, Berlin 1970.

Zelazny, Roger: *When Pussywillows Last in the Dooryard Bloomed*. Norstrilia Press, Victoria (Australien) 1980.

Zelazny, Roger: *To Spin Is Miracle Cat*. Underwood-Miller, San Francisco 1981.

Tierfreunde wußten es schon lange vor dem *Pferdeflüsterer:* Zwischen Pferd und Mensch kann eine sehr innige Form der Kommunikation bestehen. In einer engen Beziehung zwischen beiden versteht das Tier oft intuitiv die Wünsche des Reiters. Mit seiner Körpersprache wiederum verleiht es seinen eigenen Gedanken und Intentionen auf eindeutige Weise Ausdruck.

Birgit Budelmann und Jannie Kathmann haben im jahrelangen Umgang mit unzähligen Pferden deren körperliche Ausdrucksformen erforscht. In ihrem Buch zeigen sie Pferdefreunden anhand detaillierter Beschreibungen und zahlreicher Fotos, wie sie ihr Tier besser verstehen können. Lernen auch Sie die Pferdesprache!

Birgit Budelmann
Jannie Kathmann

**Die Körpersprache
der Pferde**
Mit zahlreichen Abbildungen
Originalausgabe

Econ | **ULLSTEIN** | List

Können Katzen sprechen?
Die Antwort ist ein klares Ja:
Katzen verfügen nachweislich
über ausgesprochen feine
Kommunikationsmöglichkeiten.
Man muß sie nur verstehen.
Lernen auch Sie die
Katzensprache! Alles, was Sie
dazu brauchen, ist Geduld,
Beobachtungsgabe und
Einfühlungsvermögen. Roman
Berger zeigt Ihnen, wie Sie
Ihren vierbeinigen Freund noch
besser verstehen können.

Mit zahlreichen Zeichnungen
und einem unterhaltsamen Test.

Roman Berger

Und Katzen sprechen doch
Die Geheimnisse der Katzensprache

Econ | **Ullstein** | List

Als erste Europäerin lebte Alexandra David-Néel (1868–1969), die »Königin des Himalaja«, als buddhistischer Mönch verkleidet in Lhasa, der »Verbotenen Stadt« Tibets. Sie bereiste Burma, Nepal, Indien, China, Japan und Korea und ließ im Alter von über 100 Jahren noch ihren Reisepaß verlängern. In diesem außergewöhnlichen Buch berichtet sie aus Chinas wildem Westen: vom tibetischen Hirtenvolk der Is, dessen Kultur bei uns Europäern zur Zeit ganz besonderes Interesse findet. Kenntnisreich und sensibel schlägt sie die Brücke zwischen unserer Welt und dieser gänzlich fremden, faszinierenden und mythenreichen Kultur.

Alexandra David-Néel

Land der Is
In Chinas wildem Westen

Mit zahlreichen Abbildungen

»Ein sensationeller Reise- und Erlebnisbericht von einer der ungewöhnlichsten Frauen dieses Jahrhunderts.«
Die Welt

Econ | **ULLSTEIN** | List

Als weiße Frau in Afrika leben, die Anziehungskraft einer fremden Kultur spüren, hin und her gerissen sein zwischen westlichem Rationalismus und afrikanischer Spiritualität – dies sind die Erfahrungen von Ilona Maria Hilliges in Nigeria. Sie taucht ein in die mystische Welt des Schwarzen Kontinents – und trifft den Mann ihres Lebens. Doch ein mächtiger Clanchef bedroht sie mit Schwarzer Magie. Sie wehrt sich mit den Waffen ihres Gegners und unterwirft sich einem magischen Ritus: Sie wird zur »weißen Hexe«.

Der authentische Lebensbericht einer weißen Frau in der spirituellen Welt Afrikas.

Ilona Maria Hilliges

Die weiße Hexe
Meine Abenteuer in Afrika

Mit zahlreichen Abbildungen

Der Mond beeinflusst uns mehr,
als wir glauben. Seine Wirkung
auf die Erde, auf Menschen und
Pflanzen, lässt sich positiv
nutzen. Ein jahrtausendealter
Wissensschatz steht uns dabei
ebenso zur Seite wie neueste
Erkenntnisse.

In diesem Mondlexikon finden
Sie unter alphabetisch
sortierten Stichworten alles
Wissenswerte zu unserem
Erdtrabanten: Mystisches und
Wissenschaftliches, Aberglaube
und Überlieferung. Eine
kompetente Einführung in
Mondkalender, Mondphasen und
Sternzeichen, mit vielen Tipps
für Garten, Küche, Gesundheit
und Schönheit.

*Mit zahlreichen Mondtabellen bis
ins Jahr 2010*

Christina Zacker

Das Mondlexikon
Das umfassende
Nachschlagewerk

Econ | **ULLSTEIN** | List

Das erste umfassende Buch zum Thema sexuelle Energie und Schamanismus

Eine faszinierende alte Frau weiht Merilyn Tunneshende in geheime toltekische Praktiken ein. In langen Nächten, erleuchtet nur vom Schein einer Kerze, erfährt Merilyn die Kraft der sexuellen Energie, die über das Körperliche weit hinausgeht. Schamanische Weisheiten führen Merilyn zu ihrer wahren Weiblichkeit. Die wundervoll beschriebenen Lektionen zeigen uns eine wirksame Möglichkeit, männliche und weibliche Kräfte in uns auszugleichen und unsere sexuelle Energie auf schamanischem Wege zu transformieren.

Merilyn Tunneshende

Der Geist der Regenbogenschlange
Entdecken Sie die schamanische Kraft der sexuellen Energie

Lotos

Econ | **Ullstein** | List